GESTÃO COMUNITÁRIA COM ÊNFASE EM SUSTENTABILIDADE AMBIENTAL

GESTÃO COMUNITÁRIA COM ÊNFASE EM SUSTENTABILIDADE AMBIENTAL

Fernando Guilherme Tenório

Rogério Valle

ORGANIZAÇÃO

FGV | EBAPE EDITORA

COPPE UFRJ

SAGE
Núcleo Prof. Rogerio Valle de Produção Sustentável

Direitos desta edição reservados à
EDITORA FGV
Rua Jornalista Orlando Dantas, 37
22231-010 | Rio de Janeiro, RJ | Brasil
Tels.: 0800-021-7777 | 21-3799-4427
Fax: 21-3799-4430
editora@fgv.br | pedidoseditora@fgv.br
www.fgv.br/editora

Impresso no Brasil | *Printed in Brazil*

1ª edição – 2018

Coordenação editorial e copidesque: Ronald Polito
Revisão: Marco A. Corrêa e Sandro Gomes dos Santos
Diagramação e capa: Ilustrarte Design e Produção Editorial

Ficha catalográfica elaborada pela
Biblioteca Mario Henrique Simonsen/FGV

Gestão comunitária com ênfase em sustentabilidade ambiental / Fernando Guilherme Tenório, Rogério Valle, organização. - Rio de Janeiro : FGV Editora, 2018.
160 p.

Em parceria com a FGV/EBAPE.
ISBN: 978-85-225-2107-4

1. Sustentabilidade e meio ambiente. 2. Desenvolvimento sustentável. 3. Educação ambiental. 4. Meio ambiente – Participação do cidadão. I. Tenório, Fernando Guilherme, 1948- . II. Valle, Rogério de Aragão Bastos do. III. Fundação Getulio Vargas. IV. Escola Brasileira de Administração Pública e de Empresas.

CDD – 363.7

| Sumário

Prefácio

Um dos importantes dilemas que o mundo tem que enfrentar é o de decidir qual o nível de sustentabilidade que deve ser perseguido, nas próximas décadas, com o objetivo de deixar isso como legado para as gerações futuras. Fato é que qualquer cidadão está percebendo que a natureza está reagindo fortemente e que há sinais evidentes de que o meio ambiente está sofrendo mudanças: contaminação do ar, secas, geleiras derretendo etc.

Felizmente, nos últimos tempos, vê-se que o tema relacionado com essas questões ambientais tem se avolumado. Ainda não na dimensão necessária, diante das evidências irrefutáveis que estamos vivendo, porém é de se ressaltar que se trata de um assunto novo.

Há poucas décadas, ainda havia a ideia de que a natureza e os recursos naturais eram infindáveis. O avanço da tecnologia e das facilidades que a ciência nos proporciona, a disseminação da vertente das teorias econômicas do ter mais, da ideologia do consumo, o distanciamento dos graves problemas sociais que assolam o mundo, com a consequente degradação do meio ambiente, ensejaram que estudiosos e governos demonstrassem preocupação com o futuro.

O desenvolvimento sustentável tem uma equação a ser resolvida. Conciliar os interesses econômicos e políticos com a necessidade de preservar o meio ambiente. Como em todo negócio, é preciso que haja disposição para concessões. Os países ricos, as economias fundamentadas, exclusivamente, na maximização do lucro e minimização dos custos, a qualquer preço, criam dificuldades.

Nesse contexto, qualquer hipótese de desenvolvimento sustentável deve considerar a erradicação da pobreza. Indubitavelmente, os pobres sofrerão mais com o avanço da degradação do meio ambiente. Onde vivem os pobres não tem água encanada nem esgoto sanitário, os dejetos são jogados em valas a céu aberto. Não porque querem assim, mas porque o poder público não investe onde não há retorno. A conta seria alta para eles.

A Igreja tem se preocupado com o tema e conclamado, de diversas formas, seus fiéis e a sociedade a agirem e participarem de todos os processos que possam colaborar com a preservação do meio ambiente. Na encíclica *Laudato si*, o papa Francisco assim menciona:

> 209. A consciência da gravidade da crise cultural e ecológica precisa traduzir-se em novos hábitos. Muitos estão cientes de que não basta o progresso atual e a mera acumulação de objetos ou prazeres para dar sentido e alegria ao coração humano, mas não se sentem capazes de renunciar àquilo que o mercado lhes oferece. Nos países que deveriam realizar as maiores mudanças nos hábitos de consumo, os jovens têm uma nova sensibilidade ecológica e um espírito generoso, e alguns deles lutam admiravelmente pela defesa do meio ambiente, mas cresceram em um contexto de altíssimo consumo e bem-estar que torna difícil a maturação doutros hábitos. Por isso, estamos perante um desafio educativo.

A Conferência Nacional dos Bispos do Brasil (CNBB) escolheu para a Campanha da Fraternidade do ano de 2016 trabalhar o tema: "Casa Comum, nossa responsabilidade", seguindo o lema: "Quero ver o direito brotar como fonte e correr a justiça qual riacho que não seca" (Am 5,24). Os objetivos permanentes da Campanha da Fraternidade têm como finalidade despertar o espírito comunitário e cristão na busca do bem comum, educar para a vida em fraternidade, a partir da justiça e do amor, bem como renovar a consciência da responsabilidade de todos pela ação da Igreja na evangelização, na promoção humana, em vista de uma sociedade justa e solidária.

A metodologia da Campanha da Fraternidade parte de um conceito de que a formação da comunidade é o meio de conscientização e ação das pessoas nos seus níveis de estrutura social, com o objetivo de chegar ao estabelecimento de políticas públicas. Dessa forma, reitera a participação da comunidade, que é um dos mecanismos de controle mais eficazes sobre a ação do Estado.

Portanto, a participação da sociedade é fundamental para o bom êxito de qualquer política que trate do meio ambiente e do desenvolvimento sustentável. Até porque cada um de nós tem sua parte a fazer.

Os cursos de gestão comunitária, com ênfase na sustentabilidade social que a Fundação Getulio Vargas há anos realiza em parceria com a Cáritas Arquidiocesana do Rio de Janeiro, sob a coordenação do professor Fernando Tenório, são uma das exitosas iniciativas de formação de grupos comunitários visando a participação em conselhos paritários e o desenvolvimento de ações concretas de educação para exigências dos direitos.

Este livro foi cuidadosamente preparado e elaborado de forma didática, com a participação de vários professores, como se fosse propriamente um curso. Auxilia, aos que forem ler, o entendimento da passagem da teoria da sustentabilidade para o enfrentamento das práticas comunitárias e sociais; da inquietação que é produzida pelo tema para a satisfação e a realização pessoal e coletiva, proporcionada por práticas comunitárias eficientes e eficazes, como o controle da emissão de CO_2, a redução da fome com alimentação saudável e o fomento de uma nova cultura de solidariedade para a sociedade e o meio ambiente.

Cândido Feliciano da Ponte Neto
Diretor executivo da Cáritas Arquidiocesana do Rio de Janeiro (Carj)
Procurador da Mitra Arquiepiscopal do Rio de Janeiro (Mitra)
Professor da Pontifícia Universidade Católica do Rio de Janeiro (PUC)

Introdução

Desde o início dos anos 1990, o Programa de Estudos em Gestão Social (Pegs), programa de pesquisa vinculado à Escola Brasileira de Administração Pública e de Empresas (EBAPE) da Fundação Getulio Vargas (FGV), vem desenvolvendo suas atividades de extensão universitária por meio do Laboratório de Transferência de Tecnologia Social (LTTS) em parceria com a Cáritas Arquidiocesana do Rio de Janeiro. O Laboratório desenvolve suas atividades nas dependências da Cáritas localizadas na Catedral Metropolitana do Rio de Janeiro.

O objetivo inicial do LTTS era transferir conhecimento oriundo da administração como área de conhecimento dada sua direta relação com a EBAPE. Durante os anos 1990, implementamos vários cursos direcionados às diferentes pastorais da Igreja Católica no município do Rio de Janeiro. Os primeiros cursos foram dedicados a transferir conhecimento de gestão comunitária para elaboração, administração e avaliação de projetos. Experiência que resultou na publicação dos livros *Gestão comunitária* e *Gestão de ONGs*, ambos publicados pela Editora FGV.

Com o entrante século XXI, o Pegs/LTTS e a Cáritas passaram a direcionar suas atividades de extensão via programação de cursos para o atendimento do fundamento básico da Constituição de 1988 que era a participação cidadã. Embora os cursos anteriores tivessem a preocupação de estimular a participação da cidadania nas suas atividades comunitárias, a ênfase era mais instrumental — planejamento, administração e avaliação de projetos. Com o intuito de aproximação com a Constituição, o Laboratório passou a ministrar o *Curso de Formação Política e Cidadania: os Conselhos Municipais como Referência*. Cabe destacar que esse curso, além de ser realizado nas dependências da Cáritas, foi também ministrado até o presente ano em outros municípios do estado do Rio de Janeiro como Volta Redonda, Maricá, Nova Friburgo e Rio das Flores.

Em seguida à implementação desse curso — *Formação Política e Cidadania* —, o Pegs passou a implementar o projeto de pesquisa *Gestão social: Ensino, Pesquisa e Prática*. Projeto que foi financiado pela Coordenação de Aperfeiçoamento de Pessoal de Nível Superior (Capes) por meio do Edital nº 09/CII-2008 e que contou com a participação, sob a coordenação geral do Pegs/EBAPE, de várias instituições de ensino superior do país, resultando na publicação de sete livros, entre os quais o volume 3 da coleção, sob o título *Gestão social e conselhos gestores*, publicado em 2016 pela Editora FGV.

Dando continuidade ao intento de atualizar as atividades de treinamento promovidas pelo Laboratório, em decisão com a Cáritas, passamos a promover o *Curso de Gestão Comunitária com Ênfase em Sustentabilidade Ambiental*. Dado que o conhecimento transmitido pela EBAPE está relacionado com a administração, foi necessária a aproximação com outra instituição de ensino superior com *expertise* em sustentabilidade ambiental. Assim, passou a colaborar nesse curso o Laboratório de Sistemas Avançados de Engenharia de Produção (Sage) do Instituto Alberto Luiz Coimbra de Pós-Graduação e Pesquisa de Engenharia (Coppe) da Universidade Federal do Rio de Janeiro (UFRJ). Cabe aqui destacar a compreensão da proposta e o agradecimento, ainda que *post mortem*, ao professor Rogério Valle, então coordenador do Sage até 2017, que orientou mestrandos e doutorandos desse Laboratório (Sage) a colaborarem com o curso.

O presente livro, além do Prefácio e desta Introdução, foi dividido nos seguintes capítulos que correspondem à estrutura dos cursos ministrados: capítulo 1: Introdução ao problema ambiental; capítulo 2: O pensamento do ciclo de vida de produtos; capítulo 3: Resíduos sólidos; capítulo 4: Desperdício alimentar; capítulo 5: Elaboração de projetos; capítulo 6: Sabão ecológico artesanal Eco Chaperó; Apêndice 1: Projetos; Apêndice 2: Marco legal e referências.

Cabe enunciar os devidos agradecimentos aos autores nominados nos respectivos capítulos cujo trabalho voluntário muito tem contribuído para uma melhor aproximação da academia com a realidade social. Da mesma forma, agradecer à UFRJ/Coppe/Sage e às demais instituições de ensino superior, como a Universidade Federal Fluminense (UFF) e a Universidade Federal Rural do Rio de Janeiro (UFRRJ), que por meio de professores e alunos colaboraram com essa experiência. Finalmente, agradecer aos recursos provenientes do orçamento da EBAPE e do Fundo de Pesquisa Aplicada da FGV que, por meio de apoio logístico e de bolsas de estudo, permitiu, mais uma vez, o desenvolvimento dessa experiência de extensão universitária.

Fernando Guilherme Tenório
Coordenador do Pegs e organizador do livro

Capítulo 1 | Introdução ao problema ambiental

*Laurelena C. Palhano A. Silveira**

1. Apresentação

Para introduzir este curso de gestão comunitária com ênfase em sustentabilidade ambiental será importante compreender primeiro o que é essa tal "sustentabilidade".

A palavra sustentabilidade, segundo o *Dicionário Houaiss* (2009), significa "característica ou condição do que é sustentável". Por sua vez, no mesmo dicionário, "sustentável" vem de "sustentar", e entre seus vários significados encontramos: "evitar a queda, manter o equilíbrio, dar ou obter os recursos necessários à sobrevivência ou à manutenção, manter(-se), conservar(-se), dar continuidade a"; isto é, podemos entender como aquilo que é "capaz de se manter mais ou menos estável, ou constante por um longo período". Mas por que isso agora!? Vocês poderiam se perguntar!

Esse é um tema que vem sendo debatido já há algumas décadas por pesquisadores em universidades e gestores governamentais em países

---

* Pesquisadora do Laboratório de Sistemas Avançados de Gestão da Produção (Sage/Coppe/UFRJ).

desenvolvidos, mas hoje se tornou tanto assunto como responsabilidade de cada pessoa que habita este planeta.

Isso aconteceu por causa das recentes descobertas[1] de que, além de condutas insustentáveis de empresas e cidadãos causarem impacto na vida de todos, independentemente de classe social, mesmo que com pequenos gestos, como lavar uma calçada com a torneira permanentemente aberta, deixar de pedir o cupom fiscal de uma compra, fazer o descarte incorreto de materiais eletrônicos etc., também depende de cada indivíduo a tomada de decisão por mudar tais hábitos e passar a ter um comportamento mais sustentável.

Um dos desafios para a participação de cada uma das partes da sociedade (cidadão, empresas, governos etc.) está no fato do desconhecimento sobre como melhor atuar. Para esse desafio, as lideranças comunitárias têm um papel especial, o de multiplicadoras de informações, à medida que as tenham, como as informações que vão receber neste curso.

No texto que segue, com os subtítulos Contextualização, Problemas ambientais e Sustentabilidade ambiental, vocês terão informações que serão a base para o melhor aproveitamento das aulas deste curso de introdução à sustentabilidade ambiental.

2. Contextualização

A sustentabilidade ambiental, na forma pela qual a vamos tratar neste curso, está relacionada com o cuidado com o planeta e as formas de vida que nele encontramos, bem como com os recursos para conservar essas vidas.

---

[1] Relativamente recentes, pois desde 1972, quando da publicação do Relatório Meadows — *Os limites do crescimento* —, realizado pela MIT contratado pelo Clube de Roma, veio a público o conhecimento sobre os problemas futuros da humanidade como energia, poluição, saneamento, saúde, meio ambiente, tecnologia e crescimento populacional, na sua maior parte causados por comportamentos sociais como consumo exacerbado e mau uso de recursos naturais (Brüseke, 1998).

O tema da sustentabilidade, de forma aplicada, seja para uma localidade (cidade, estado, país etc.) ou mesmo uma organização (privada ou pública), se popularizou como a forma de se gerenciar e se manter economicamente viável, ambientalmente correta e socialmente justa. Esse entendimento veio a ser chamado de tripé da sustentabilidade, primeiramente, pelo autor John Elkington (2001).

Figura 1 | Tripé da sustentabilidade e suas interseções entre dimensões

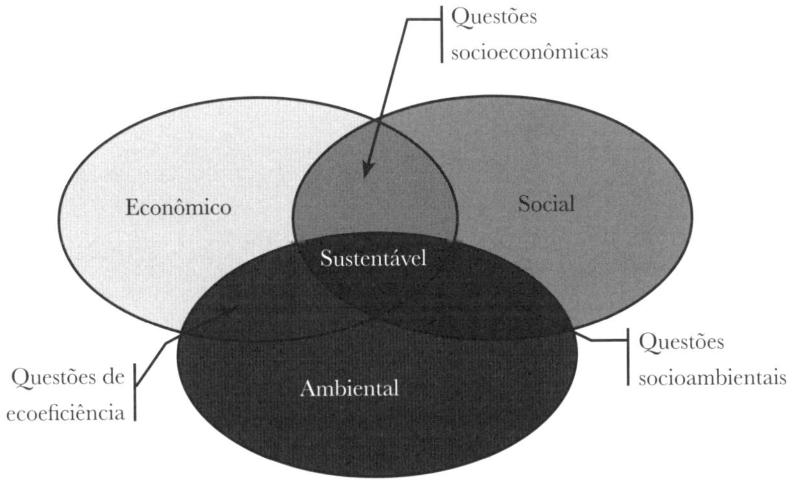

Fonte: Adaptação de Elkington (2001).

Este padrão de desempenho está fundamentado no conceito de desenvolvimento sustentável estabelecido pela Organização das Nações Unidas (ONU) em 1987 por meio do Relatório Brundtland (WCED, 1997), que diz que a sustentabilidade existe quando se faz uso dos recursos disponíveis em uma dada sociedade para suprir suas necessidades de modo que não comprometa a capacidade de as gerações futuras assegurarem as suas.

Ainda na lógica do desenvolvimento sustentável, e considerando as dimensões econômico, social e ambiental, um dos estudiosos sobre o tema, Mohan Munasinghe (1992), defende que o desenvolvimento sustentável seja um processo de aperfeiçoamento de uma série de capacidades tanto individuais como coletivas em prol de suas necessidades e aspirações. Para o autor, a economia deve se ajustar conforme cada sistema e situação, buscando sempre primar pelo melhor bem-estar humano no contexto de produções e consumo. Na dimensão ambiental, ele defende o enfoque na proteção da integridade e facilitação de recuperação dos sistemas ecológicos, bem como na dimensão social defende que sejam aprimoradas as relações humanas a ponto de que sejam respeitados os desejos individuais sem comprometimento dos coletivos.

Organização das Nações Unidas (ONU)

Criada em 1945 com o objetivo declarado de facilitar a cooperação entre seus 193 países-membros em matéria de direito internacional, direitos humanos, segurança internacional, desenvolvimento econômico, progresso social em prol da paz mundial.

Fonte: <http://unic.un.org/imucms/rio-de-janeiro/64/34/conheca-as-nacoes-unidas.aspx#>. Acesso em: 10 mar. 2013.

Nestes últimos 25 anos, muitos estudiosos teorizaram sobre esse assunto e defenderam o tema incluindo outras preocupações, como é o caso do autor e estudioso sobre o tema, Ignacy Sachs (2000), que inclui as dimensões cultural e espacial. Um pensamento comum entre pesquisadores sobre o assunto é o da necessidade de uma visão sistêmica (ver o todo [problema] de forma integral, e não as partes), por se tratar de um assunto multidimensional (diversas dimensões) e interdependente (que dependem umas das outras), e para tanto necessita de conhecimentos diferenciados e de múltiplos esforços para que se realize.

Para falar de sustentabilidade na prática, é importante compreendê-la de forma sistêmica de modo a apreender que os fenômenos na natureza e nas relações humanas ocorrem relacionados uns com os outros, não sendo possível isolar uma parte (por exemplo, o ser humano) e compreendê-la separada do meio. Estudá-las separadamente pode ajudar com alguns elementos, mas não vai dar a visão do todo (Morin, 1998). Isto é o que faz da sustentabilidade algo tão complexo, mas não menos factível.

A multidimensionalidade se constata a partir do fato de que, para uma sociedade viver bem, ela precisa de um meio ambiente e relações sociais saudáveis (entendendo as relações econômicas dentro das relações sociais), permitindo que as pessoas usufruam dos recursos da natureza necessários para sua vida, sem comprometer a capacidade de as gerações futuras desfrutarem desse mesmo direito.

Quanto a ser interdependente, significa que, para haver sustentabilidade, é necessário o equilíbrio entre o social, o econômico e o ambiental, e não se pode ter o benefício de um em sacrifício do outro.

3. Problemas ambientais

O conceito de problema pode ser muito relativo. Diferentes histórias de vida e valores vão resultar em julgamentos diferentes sobre o que vem a ser um "problema". Por exemplo, o problema de quem tem uma carga de trabalho muito grande em sua atividade profissional pode ser "ter muito trabalho" e o problema de quem não tem uma atividade profissional é justamente "ter um trabalho". Fato é que todos têm os seus problemas — maiores ou menores, mas os problemas ambientais não escolhem raça ou crença, nem ricos ou pobres. Naturalmente, quem possui uma condição financeira mais confortável normalmente paga para não vivenciar os problemas ambientais tão de perto, mas eles não deixam de existir.

A pesquisa *O que o brasileiro pensa do meio ambiente e do consumo sustentável* (edição 2012), realizada pelo Ministério do Meio Ambiente (MMA), perguntou a 2.201 pessoas quais eram os principais problemas no Brasil e obteve como resposta que, para 81% dos respondentes, o principal problema do país é a saúde, para 65%, a violência e a criminalidade, para 34%, o desemprego, para 32%, a educação, para 23%, os políticos, e somente em sexto lugar apareceu o meio ambiente com 13% das citações.

Será que poderíamos dizer que o Brasil tem poucos problemas ambientais? Certamente a saúde é muito mais facilmente percebida pelas pessoas que necessitam de um atendimento médico em hospitais públicos e não o recebem, mas você já pensou sobre o quanto a saúde está relacionada com o meio ambiente?

Cuidar de si e do planeta

- Evite as lâmpadas incandescentes. Elas custam menos, mas são as mais ineficientes. Uma lâmpada fluorescente compacta de 20 W ilumina mais do que uma incandescente de 60 W e pode durar até 10 vezes mais.
- Não pinte as paredes internas de sua casa com cores escuras, pois elas exigem lâmpadas mais potentes.
- Evite acender lâmpadas durante o dia. Abra a janela e aproveite ao máximo a luz do dia.
- Lembre-se sempre de apagar as luzes dos ambientes em que não há ninguém, pois esse é um gasto totalmente desnecessário.
- Ao comprar lâmpadas, prefira as que têm o selo Procel, pois são mais eficientes e gastam menos energia.

Poluição e degradação ambiental estão presentes em todos os países, desenvolvidos ou não, em maior ou menor escala, mas a poluição do ar, atmosfera, mares, solos, rios, entre outros, associados à degradação de animais e plantas, vem causando inúmeros problemas ambientais e sociais de grandes proporções, como aquecimento global, efeito estufa, mudanças climáticas, contaminação de solos, migração em massa, epidemias (dengue, por exemplo) etc.

Estudos já comprovaram que esses problemas, quando não são causados, são muito agravados pelo consumo insustentável de bens e serviços em todo o mundo, o que muito provavelmente irá impactar diretamente a vida de pessoas também em todo o mundo com problemas como falta de água potável para consumo humano, aumento do preço dos alimentos, racionamento de energia em *algumas regiões do planeta*.

Quando se fala em *regiões do planeta*, isso inclui a sua casa!

Para tornar prática a relação com as questões ambientais, podemos analisá-las em associação com outras dimensões, social e econômica, e com os aspectos de biodiversidade, onde poderemos ver seus *impactos* em todos os *ecossistemas* do planeta Terra.

> *Ecossistema*: a palavra vem do grego e significa "sistema onde se vive". Como conceito prático, é o sistema integrado e autofuncionante que consiste em interações dos elementos bióticos (vivos: seres humanos, animais, vegetais etc.) e abióticos (não vivos: minerais, luz solar, água etc.) e cujas dimensões podem variar consideravelmente (IBGE, 2004).
> *Impacto ambiental*: "Qualquer alteração das propriedades físicas, químicas e biológicas do meio ambiente, causada por qualquer forma de matéria ou energia resultante das atividades humanas que, direta ou indiretamente, afetam a saúde, a segurança e o bem-estar da população, as atividades sociais e econômicas, a biota (conjunto de todos seres vivos de um determinado ambiente), as condições estéticas e sanitárias do meio ambiente e a qualidade dos recursos ambientais. Resolução Conama nº 306, de 5 de julho de 2002" (IBGE, 2004).

4. Sustentabilidade ambiental

Para o pesquisador Ignacy Sachs (2000), a *sustentabilidade ambiental* contempla as dimensões social, econômica, espacial, ecológica, cultural e política, pois deve se dedicar a conservação geográfica, equilíbrio de ecossistemas, erradicação da pobreza e da exclusão, respeito aos direitos humanos e integração social. Manzini e Vezzoli (2005) fazem uma proposição de entendimento sobre sustentabilidade ambiental defendendo que as condições sistêmicas, em nível regional e planetário, para as atividades humanas não devem interferir nos ciclos naturais em que se baseiam, ao mesmo tempo que não devem empobrecer seu capital natural, que será transmitido às gerações futuras.

A sustentabilidade ambiental, conceito associado ao desenvolvimento sustentável, envolve a utilização racional dos recursos naturais, na perspectiva do longo prazo. Essa utilização sustentável dos recursos naturais é aquela capaz de permitir a reposição dos recursos renováveis e a utilização de forma parcimoniosa e eficiente dos não renováveis. Ela é caracterizada pela manutenção da capacidade do ambiente de prover os serviços ambientais e os recursos necessários ao desenvolvimento das sociedades humanas de forma permanente (IBGE, 2004).

Ao tratarmos especificamente da sustentabilidade ambiental, não queremos isolá-la das demais dimensões, mas sim destacar formas práticas de todos os cidadãos deste planeta atuarem de forma corresponsável em prol de uma vida boa, para si e para o próximo.

Informações que ajudam na ação

- *Lojas de celular recebem baterias velhas para reciclagem*: quase 180 milhões de baterias de celular são descartadas todos os anos no Brasil. São 11 mil toneladas de lixo tóxico que deveria ser reciclado. Portanto, entregue a bateria velha na loja.
- *Baterias piratas têm mais mercúrio*: baterias piratas para celular duram menos e podem conter 10 vezes mais mercúrio que as baterias vendidas legalmente no Brasil. O mercúrio é um dos metais mais tóxicos que existem e ataca gravemente o sistema nervoso. Evitar a compra de baterias piratas é bom para seu bolso e mais ainda para sua saúde e a do planeta, já que 60% do lixo brasileiro vão para lixões onde o mercúrio dessas pilhas vai poluir o solo e o lençol de água.
- *Se parcelar o pagamento, analise a taxa de juros*: fazer compra parcelada com juros sai caro e é sempre um risco. Não olhe apenas a prestação, mas o preço final parcelado. Muitas vezes, com o valor final daria para comprar até três do mesmo produto. Isso quer dizer que você vai trabalhar muito mais para comprar a mesma coisa. Só parcele ou tome emprestado se você realmente precisar.
- *Um churrasco por mês consome uma piscina olímpica de água no ano!* Você sabia que para se obter 1 kg de carne é necessário utilizar aproximadamente 15 mil litros de água? Assim, para fazer um churrasco por mês para 30 pessoas durante um ano, é necessário utilizar tanta água que encheria uma piscina olímpica! E ainda tem outros impactos: o CO_2 (gás carbônico) emitido na

(continua)

produção do gado e no transporte da carne, na extração de carvão e no transporte de todo o lixo produzido no final do evento, como copos, pratos, talheres, guardanapos etc.

- *Aerador nas torneiras ajuda a economizar água:* a instalação de aeradores nas torneiras pode gerar uma grande economia. Por exemplo, essa instalação na torneira da cozinha de 12 apartamentos pouparia, ao longo de um ano, água suficiente para encher uma piscina olímpica.
- *Dispense os pacotes para presente*: no Natal, aniversário, Dia das Mães e outras comemorações, sugira aos convidados que os presentes podem vir sem embrulhos enfeitados, que gastam um monte de papel, fita, laço e plástico. Pacotes de presente devem desaparecer na transição para a sociedade sustentável, comece a mudança na sua festa. Inicialmente, pode até parecer estranho, mas será um bom exemplo. Quem sabe seus parentes e amigos não começam a fazer igual?

(Fonte: Instituto Akatu. Disponível em: <www.akatu.org.br/Dicas>. Acesso em: ago. 2016)

Seguindo com esta reflexão, podemos ter como ponto de partida que não adianta ser somente ambientalmente sustentável se for socialmente injusto — imaginem se tivermos uma sociedade onde uma minoria (políticos ou empresários) preserve de forma impecável florestas e águas a custo de trabalho escravo e fome de uma maioria. Isso seria uma sociedade justa? Ou mesmo como a realidade em que vivemos hoje, onde poucos acumulam muitos recursos a custo da miséria de muitos e da degradação da natureza.

Outro exemplo que podemos observar é o caso do uso da água. O ser humano precisa de água para sua sobrevivência, água potável para consumo (hidratação, manipulação de alimentos, higiene etc.). Mesmo que não apropriada para o consumo humano, ela é usada para praticamente todas as demais atividades de sua vida (agricultura, indústrias, saneamento etc.).

Você pode estar pensando: “Mas água tem por toda parte!”. Realmente, o planeta Terra é composto basicamente por água (97%), só que, desse total, 97% dela estão em oceanos e mares, 2%, em geleiras inacessíveis, e apenas 1% é acessível ao consumo em rios, lagos e fontes subterrâneas.[2] O uso insustentável da água sob o ponto de vista social pode levar a diversas doenças, desde a desidratação até a intoxicação pelo consumo de água contaminada. Do ponto de vista da economia, os impactos de problemas no abastecimento de água podem fragilizar a estrutura econômica de uma cidade ou mesmo um país devido aos custos de transporte, de tratamento e de armazenamento da água, elevando o custo de produção e interferindo no consumo de todos os gêneros de bens e serviços.

Dica prática

Elimine os vazamentos: um buraco de 2mm (um pouco maior do que a cabeça de um alfinete) em um cano desperdiça até 3.200 litros de água em um dia. Essa quantidade de água, além de ser um gasto totalmente desnecessário, seria suficiente para suprir a necessidade de água para beber de uma família de quatro pessoas por cerca de um ano e um mês. Em um mês, o desperdício desse pequeno vazamento pode chegar a 96 mil litros, o que equivaleria ao consumo de água potável dessa família por quase 33 anos.

(Fonte: Instituto Akatu. Disponível em: <www.akatu.org.br/Dicas>. Acesso em: ago. 2016)

Em termos ambientais, a água é determinante para a sobrevivência de todas as espécies que habitam o planeta; logo, o equilíbrio dos ecossistemas da Terra depende da água em quantidade e condições de uso compatíveis.

Mas será que esse é o pensamento comum das pessoas sobre a importância da sustentabilidade ambiental?

Ainda fazendo referência à pesquisa realizada pelo Ministério do Meio Ambiente, os respondentes foram questionados sobre o que julgavam ser problemas ambientais, e o que se teve como resposta foi que para 67% das pessoas o *desmatamento de florestas* é o nosso maior problema, seguido por *poluição dos rios, lagos e outras fontes de água* com 47%, *poluição do ar* com 36%, *aumento do volume de lixo* com 28% e, em quinta posição, está o *desperdício de água*, com apenas 10% das citações.

[2] Disponível em: <www.sobiologia.com.br/conteudos/Agua/>. Acesso em: ago. 2016.

Comparando com as edições anteriores dessa mesma pesquisa, é possível observar algumas mudanças importantes, como o caso da poluição do ar, que em 1997 configurava como problema ambiental para apenas 13% dos respondentes, contra os 47% atuais.

Outro ponto importante dessa pesquisa, pertinente a este curso, é a identificação de quem são os responsáveis por solucionar os problemas do meio ambiente. Os resultados de destaque foram: para governos estaduais, 61%, municipal, 54%, e federal, 48%, e só em quarta posição "Cada um de nós", com 46% das indicações. Podemos considerar que a expectativa de responsabilidades está praticamente equilibrada. Mas a prática está sendo assim? Como está sendo sua participação, com atuação direta ou mesmo no acompanhamento do que os governantes têm feito?

Ações práticas podem e devem ser realizadas por todos os agentes da sociedade; por exemplo:

Cidadãos:

- Manter diálogo com governos sobre prioridades;
- Preservar a limpeza e condições sanitárias nas áreas comuns dos seus bairros;
- Cooperar para o bem comum em associações de bairro e câmaras temáticas;
- Consumir de modo consciente, entre muitas práticas, tanto reduzindo o consumo quando possível como educando filhos para tal;
- Ser agente assumindo uma conduta sustentável.

Empresas:

- Produzir sim, mas com cada vez menos recursos;
- Inovar nos produtos e nas relações de produtor e consumidor;
- Comunicar com real interesse de informar;
- Ter atenção e cuidado com a finitude nos recursos naturais.

Governos:

- Governar para o bem comum, e não para se manter no poder;
- Legislar e fiscalizar para o uso equilibrado dos recursos naturais;
- Governo voltado para a prevenção e não para a remediação.

5. Considerações finais

Ao tratarmos especificamente sobre *questões ambientais*, e reconhecendo que elas devem sempre ser consideradas em associação com as demais — sociais, econômicas, culturais etc. —, concluímos que o equilíbrio, tanto do uso de recursos como das relações sociais e econômicas, é o que vai permitir uma vida boa para todos — seres humanos e demais espécies.

A reflexão sobre nossa relação com a natureza e os impactos do modo de vida humana sobre o meio ambiente são importantes para que sejam feitas escolhas conscientes. Escolher entre investir em prevenção ou em tratamento de doenças é uma decisão a ser tomada a cada dia por cidadãos, empresas e governos.

Para a compreensão dos conceitos abordados neste texto, é importante reforçar que *meio ambiente* envolve todas as coisas vivas e não vivas que nos rodeiam, não são apenas os animais e florestas. A cidade e o bairro nos quais habitamos constituem o meio ambiente onde vivemos, logo, quando falamos em preservar o *meio ambiente*, estamos falando de cuidar também do nosso quintal, da nossa rua e de tudo que nos impacte e das pessoas que nos cercam.

A efetiva preocupação ambiental talvez dependa de uma grande mudança na postura dos cidadãos, reconhecendo que a natureza é, ao mesmo tempo, muito poderosa na sua capacidade de regeneração e também muito frágil em alguns de seus recursos. A frase: "as coisas sempre foram assim por aqui!" não tem mais espaço, a conscientização sobre questões ambientais deve ser uma responsabilidade de todos, pelo bem do planeta e de tudo que nele habita.

Referências

BRÜSEKE, Franz Josef. O problema do desenvolvimento sustentável. In: CAVALCANTI, Clóvis (Org.). *Desenvolvimento e natureza*: estudos para uma sociedade sustentável. 2. ed. São Paulo: Cortez; Recife, PE: Fundação Joaquim Nabuco, 1998. p. 29-40.

ELKINGTON, J. *Canibais de garfo e faca*: seria sinal de progresso se um canibal utilizasse garfo e faca para comer? São Paulo: Makron Books, 2001.

HOUAISS, A. *Dicionário Houaiss da língua portuguesa*. 1. reimp. com alterações. Rio de Janeiro: Objetiva; Instituto Antônio Houaiss de Lexicografia, 2009.

IBGE. Instituto Brasileiro de Geografia e Estatística. *Vocabulário básico de recursos naturais e meio ambiente*. 2. ed. Rio de Janeiro: IBGE, 2004.

MANZINI, E.; VEZZOLI, C. *O desenvolvimento de produtos sustentáveis*: os requisitos ambientais dos produtos industriais. São Paulo: Editora da Universidade de São Paulo, 2005.

MMA. Ministério do Meio Ambiente. *O que o brasileiro pensa do meio ambiente e do consumo sustentável*. Edição 2012. Coordenação de Crespo. Brasília: Samyra, 2012.

MORIN, E. *O método*. Porto Alegre: Sulina, 1998. v. 4.

MUNASINGHE, M. *Environmental economics and sustainable development*. Paper presented at the UN Earth Summit, Rio de Janeiro. Washington, DC: World Bank, 1992.

SACHS, I. *Caminhos para o desenvolvimento sustentável*. Rio de Janeiro: Garamond, 2000.

WCED. World Commission On Environment And Development. *Our common future*. Nova York: Oxford University Press, 1987.

Capítulo 2 | O pensamento do ciclo de vida de produtos

Dejair de Pontes Souza[*]

1. Apresentação

A Revolução Industrial[1] provocou mudanças profundas na organização da sociedade, que passou de uma era baseada na agricultura e no trabalho manual para a industrialização. Fatores como a descoberta do petróleo e de diversas substâncias dele derivadas, o aumento da produtividade promovida pela industrialização e o avanço tecnológico em setores como o de transportes auxiliaram na mudança da estrutura social e possibilitaram um grande desenvolvimento econômico. Porém, o aumento populacional

---

* Pesquisador do Laboratório de Sistemas Avançados de Gestão da Produção (Sage/Coppe/UFRJ).

1 A Revolução Industrial consistiu em um conjunto de mudanças tecnológicas com profundo impacto no processo produtivo em nível econômico e social. Iniciada no Reino Unido em meados do século XVIII, expandiu-se pelo mundo a partir do século XIX. Ao longo do processo, a era da agricultura foi ultrapassada, a máquina foi superando o trabalho humano, uma nova relação entre capital e trabalho se impôs, novas relações entre nações se estabeleceram e surgiu o fenômeno da cultura de massa, entre outros eventos. Essa transformação foi possível devido a uma combinação de fatores, como o liberalismo econômico, a acumulação de capital e uma série de invenções, tais como o motor a vapor. O capitalismo tornou-se o sistema econômico vigente.

aliado ao crescente consumo energético e ao intenso transporte de pessoas e bens ao redor do planeta tem levantado profundas reflexões sobre a sustentabilidade desse modelo em longo prazo. A crise do petróleo[2] na década de 1970 fez com que algumas pessoas começassem a pensar nos limites dos recursos naturais existentes no planeta. Surgiram então discussões sobre desenvolvimento sustentável que têm aumentado sua importância a cada dia.

No passado, o padrão de vida de uma sociedade era determinado baseando-se unicamente nos serviços e produtos (bens de consumo) consumidos por ela (Degarmo et al., 1997). Quanto maior o consumo, mais elevado era o seu padrão de vida. Esse conceito foi expandido, décadas atrás, abrangendo hoje conceitos de qualidade ambiental e uma relação justa com a humanidade.

Nosso mundo de abundância vem com uma etiqueta de preço oculta (os impactos ambientais). Não podemos ver os custos ocultos das coisas que compramos e usamos diariamente, seu impacto no planeta, na saúde do consumidor e nas pessoas cujo trabalho nos proporciona conforto e supre nossas necessidades. Passamos pela vida cotidiana em meio a uma quantidade enorme de objetos que compramos, usamos e jogamos fora, desperdiçamos e guardamos. Cada uma dessas coisas tem uma história e um futuro próprios, uma história pregressa e um destino que nossos olhos não veem, uma rede de impactos que ficaram ao longo do caminho, desde a extração e mistura inicial de seus ingredientes, a produção e o transporte até as sutis consequências de seu uso em nossos lares e locais de trabalho, e no fim de sua vida útil no dia em que nos desfazemos delas. No entanto, os impactos ocultos ao longo do ciclo de vida dos produtos talvez sejam seu aspecto mais importante.

Um número incontável de produtos e serviços é responsável hoje, direta ou indiretamente, pela poluição do planeta e o esgotamento de seus recursos naturais. Portanto, é necessário realizar uma nova forma de de-

[2] Desde que o petróleo foi descoberto, no final do século XIX, foi consumido pela sociedade de forma abundante, principalmente na atual sociedade industrial e de consumo. Na década de 1970, descobriu-se que o petróleo é uma fonte esgotável. Tal afirmação elevou o preço do produto, em pouco mais de sete anos o preço do barril de petróleo praticamente triplicou, devido à crise do petróleo.

senvolvimento para a sociedade levando-se em conta os limites do planeta de modo a mantê-lo habitável para nossas futuras gerações. Para atingir esse objetivo de forma eficaz, esse desenvolvimento deve ser incluído nos produtos ou mais especificamente no pensamento do ciclo de vida desses. Além disso, é necessária uma conscientização por parte da população para que possamos ter consumidores ambientalmente conscientes. Porém para que possamos ter a formação de consumidores ambientalmente conscientes, são necessários o ensino e aprendizado do conceito do pensamento do ciclo de vida de produtos e dos respectivos impactos ambientais desses ao longo de seu ciclo de vida nas escolas.

O ciclo de vida de um produto corresponde às etapas que vão desde a retirada na natureza das matérias-primas necessárias a sua produção até o destino final desse produto na forma de resíduo, passando-se pela produção, distribuição e uso. Através da conscientização por meio do pensamento do ciclo de vida de um produto as pessoas poderão refletir melhor na hora da compra de um produto sabendo identificar, mesmo que intuitivamente, de maneira qualitativa, os impactos ambientais desse produto ao longo de seu ciclo de vida por meio da identificação de seus materiais constituintes e processos envolvidos em seu ciclo de vida.

2. Desenvolvimento

2.1 O ciclo de vida de um produto

O ciclo de vida de um produto compreende os estágios sucessivos e encadeados do sistema de fabricação de um produto, desde a extração dos recursos naturais até a disposição final desse produto na forma de resíduo. A matéria (recursos) proveniente do próprio planeta é a base de tudo. O homem retira (extrai) as matérias-primas (recursos) do solo, do ar ou da água, transporta-as e as aplica na elaboração do produto (insumo) desejado. Em seguida, ocorre a utilização pela população e, por fim, a disposição na natureza. Os resíduos podem também ser reciclados ou reutilizados contribuindo desse modo com a redução dos impactos provenientes da extração de materiais (matéria-prima) na natureza.

Um ciclo de vida típico contempla a extração de matéria-prima, o desenho (projeto), a produção, a embalagem, a distribuição (transporte), o uso, a manutenção, o reúso, a reciclagem e, finalmente, o descarte ou a incineração (destinação final). Essas etapas não representam um único sentido possível de movimentação dos materiais entre os processos, uma vez que as diversas opções disponíveis para aplicação dos materiais após certas etapas podem significar retornos ou acarretar alteração da sequência, como ilustrado na figura 1.

Figura 1
O ciclo de vida de produtos

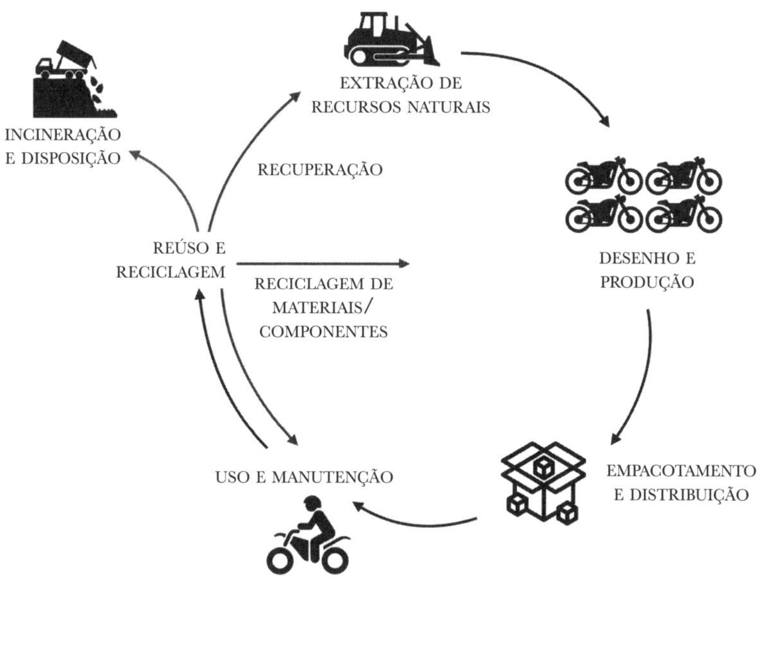

Fonte: adaptada de Unep (2007).

O ciclo de vida de um produto começa com a primeira operação do homem sobre a natureza, retirando desta os recursos que necessita para produção, e termina quando o homem executa sua última intervenção, lançando no meio ambiente as sobras ou os resíduos que não serão mais processados. Esse conjunto de ações justifica a expressão amplamente divulgada como definição do ciclo de vida de um produto: "do berço ao túmulo" (Guinée et al., 2011). Contudo, para um sistema de produto ideal onde os resíduos não seriam descartados na natureza, mas totalmente reaproveitados, permanecendo no ciclo, a expressão ganharia a forma de: "do berço ao berço", o que significa a máxima eficiência ambiental do sistema de produto.

Cada etapa no ciclo de vida de um produto é composta de diversos processos, onde há entradas e saídas, os materiais são transformados formando produtos, que são utilizados e por fim geram um resíduo no seu fim de vida útil, porém é importante destacar que temos geração de resíduos sólidos, emissões atmosféricas e efluentes líquidos (descargas para a água) e outras descargas ambientais em todos os processos do ciclo de vida, conforme é representado na figura 2.

Figura 2
Entradas e saídas dos estágios do ciclo de vida de um produto

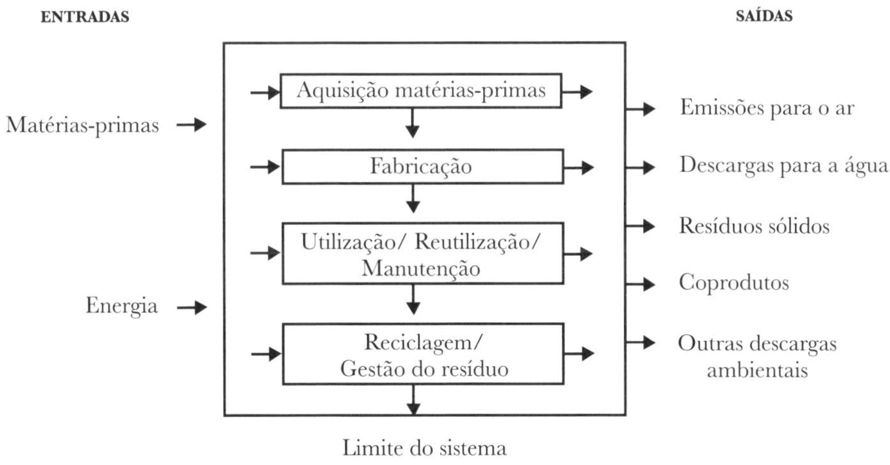

Fonte: adaptada de Chehebe (1997).

Para cada estágio/processo do ciclo de vida do produto (figura 2), temos *entradas* (matérias-primas e energia) e *saídas* (emissões para o ar, descargas para água, resíduos sólidos, coprodutos e outras descargas ambientais) associadas a esses processos.

3. Avaliação do ciclo de vida de produtos

De maneira resumida, podemos dizer que a Avaliação do Ciclo de Vida (ACV) é uma técnica para analisar os aspectos e impactos ambientais de um produto em todo seu ciclo de vida, compreendendo as fases que vão desde a retirada na natureza das matérias-primas necessárias a sua produção até a destinação final desse produto sob a forma de resíduo. De acordo com os estudiosos sobre o assunto Xavier e Caldeira-Pires (2004), a ACV surge da consciência de que qualquer produto, processo ou atividade produz impactos no ambiente desde o instante em que as matérias-primas são extraídas até o momento em que, após a vida útil, o produto ou seus resíduos são devolvidos à natureza. Portanto, a ACV é útil na determinação, de maneira integrada, dos aspectos ambientais e respectivos impactos em um sistema de produto. Segundo a definição da norma NBR ISO 14040:

> A ACV é uma técnica para avaliar aspectos ambientais e impactos potenciais associados a um produto mediante: a compilação de um inventário de entradas e saídas pertinentes de um sistema de produto; a avaliação dos impactos ambientais potenciais associados a essas entradas e saídas; e a interpretação dos resultados das fases de análise de inventário e de avaliação de impactos em relação aos objetivos dos estudos. [ABNT, 2009:2]

O princípio (ideia) da ACV é relativamente simples, porém fazer um estudo de ACV na prática é bastante trabalhoso e requer tempo, principalmente para coleta de dados relativos aos processos (fases) do ciclo de vida do produto.

4. O pensamento do ciclo de vida

Educação ambiental é componente essencial na dinâmica de proteção do meio ambiente do planeta. Porém há poucas disciplinas na área ambiental nas escolas, tampouco um programa ambiental com objetivo genérico de abordar sobre sustentabilidade nas instituições de ensino público do estado do Rio de Janeiro. Diferentemente do Brasil, em outros países (como Japão, Estados Unidos, Canadá e países da União Europeia, destacando-se a Alemanha e Espanha) cada vez mais tem crescido rapidamente o interesse por esse assunto incorporando-o na grade curricular das escolas desde o primário até o nível superior (Gutierrez-Martin, 2003).

No Brasil, os conhecimentos na área ambiental e de tecnologias convencionais de produção são limitados a um pequeno grupo de pessoas. Por isso, é necessário disseminar uma abordagem holística (ampla) que integre o meio ambiente e a saúde humana de maneira simples para ajudar as pessoas a terem uma visão melhor dos impactos ambientais provocados pelo homem na natureza. A análise de um produto de consumo por meio do pensamento do ciclo de vida baseada na ACV pode nos ajudar a entender melhor como os nossos hábitos de consumo afetam o meio ambiente. Todo produto, não importa de que material seja feito, madeira, vidro, plástico, metal ou qualquer outro elemento, provoca um impacto ambiental no meio ambiente, seja em função de seu processo produtivo, das matérias-primas que consome, ou devido ao seu uso ou disposição final. É importante salientar (deixar claro) que o pensamento do ciclo de vida é uma ferramenta qualitativa, mas que serve como base de raciocínio lógico para que as pessoas possam ter uma racionalidade crítica sobre determinado produto.

Para que se possa adquirir uma visão crítica dos impactos ambientais provenientes de um produto, por meio do pensamento do seu ciclo de vida, é necessário ter conhecimentos básicos dos processos (estágios) de seu ciclo de vida desde a extração das matérias-primas necessárias a sua fabricação até a destinação final desse produto na forma de resíduo. Uma maneira simples de aprender a fazer isso é mediante a utilização de exemplos simples com produtos do cotidiano, tais como tênis, lápis, embalagens, combustíveis, entre outros, de modo a despertar uma maior curiosidade do aluno e ao mesmo tempo dando-lhe uma visão crítica e holística a respeito dos produtos consumidos por ele.

O pensamento do ciclo de vida de um produto é uma ferramenta intuitiva (Heiskanen, 2002; Gutierrez-Martin, 2003; Nissinen et al., 2007; Jones, 2008;

Mascle, 2008; Elshof, 2009; e Matthews et al., 2009), pois para que possamos realmente comprovar que um produto é melhor do que o outro ambientalmente (por exemplo: copos de vidro *versus* copos descartáveis de plásticos, qual é o melhor?) é necessário realizar um estudo detalhado de ACV. Porém, em alguns casos, pode-se ter uma avaliação prévia, crítica, entre dois produtos sem ser necessário realizar um estudo trabalhoso de ACV, apenas pensando nos processos existentes em seu ciclo de vida.

5. Como utilizar o pensamento do ciclo de vida na prática?

Esta é uma atividade onde poderemos analisar alguns produtos utilizados no dia a dia. Iremos trabalhar por meio de uma análise de ciclo de vida simples de produtos, tais como tênis, canetas, lápis, celulares etc. Devido à complexidade de se realizar uma ACV, o objetivo dessa atividade é apresentar as cadeias de processos do ciclo de vida dos produtos fazendo com que comecemos a pensar além do produto final comprado na loja e sua disposição final na forma de resíduo. Tendo como objetivo incentivar a compreensão dos processos envolvidos na produção de um determinado produto e seus impactos no meio ambiente ao longo do seu ciclo de vida. Essa atividade pode ser expandida o tanto quanto se desejar, mediante a inclusão de diversos produtos que podem variar e aumentar a complexidade à medida que as discussões se aprofundarem.

Primeiramente, podemos começar analisando nossos tênis e sapatos. A primeira pergunta que surge é: de onde vieram nossos tênis e sapatos? A resposta mais óbvia é dizer que veio da "loja X", ou da "loja Y", onde foram comprados, mas de onde vieram os materiais que os compõem? Quais são os materiais? Como foram fabricados?

Para responder essas questões, podemos começar com auxílio de papel e caneta, fazendo uma lista de materiais existentes no tênis. Essa lista provavelmente conterá itens como: tecido, couro, *nylon*, plástico, borracha, algodão, espuma. Podemos adicionar a essa lista os materiais das embalagens, dependendo da loja isso pode incluir caixas de sapato, lenço de papel, sacos plásticos e sacos de papel. Agora pensem:

— De onde vêm esses materiais que foram utilizados para fabricação do tênis?
— Como são fabricados os tênis?
— Para onde o tênis vai após seu fim de vida útil?

A partir deste ponto, devemos tentar fazer (desenvolver) um fluxograma que represente o ciclo de vida do tênis, perguntando, por exemplo, de onde veio o tecido. Veio de uma fábrica que processa algodão, que é entregue então ao fabricante de calçados. Mas de onde vem o algodão? Obtendo-se a resposta do plantio de algodão. De que é feita a sola do tênis? De onde vem a borracha? etc. Devemos estabelecer e desenvolver um fluxograma semelhante ao da figura 3.

Figura 3
Representação do fluxograma dos processos do ciclo de vida do tênis

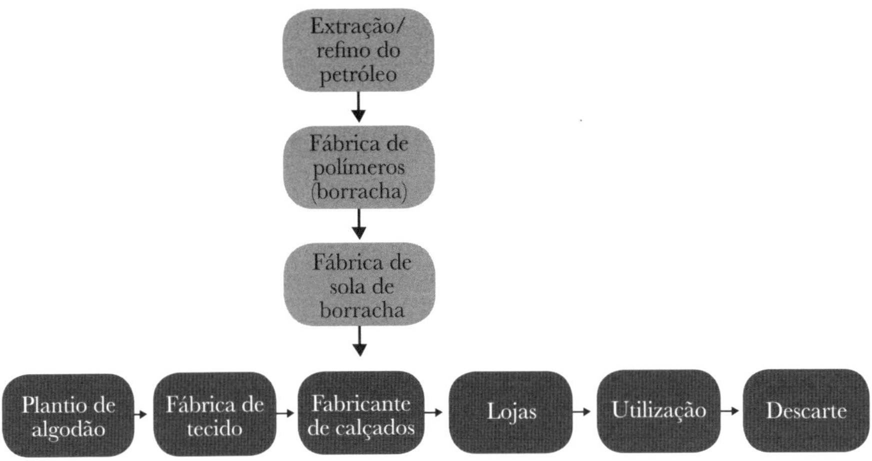

Fonte: Elaboração própria.

Podemos perceber desse modo que existe uma longa cadeia para fabricação do tênis, que começa inicialmente com o plantio do algodão para fabricação do tecido que entra na fabricação de calçados, assim como a sola de borracha proveniente da exploração de petróleo. Posteriormente, o tênis fabricado vai para as lojas onde é comprado por um consumidor e utilizado até seu fim de vida útil, quando é descartado como resíduo.

A figura 4 representa o ciclo de vida de um tênis. O ciclo de vida do tênis ou de qualquer outro produto começa com a extração na natureza (recurso natural) das matérias-primas necessárias a sua fabricação, em seguida sua produção (fabricação), depois sua distribuição, comercialização, uso e por fim sua disposição final, onde parte dele pode ser reciclada ou reutilizada e o restante ir para um aterro sanitário, ou ir tudo direto para um aterro sanitário sem haver nenhuma reciclagem ou reutilização. Percebam que nesse caso, de estarmos jogando tudo fora no aterro, estamos na verdade jogando fora (desperdiçando) matéria-prima que foi extraída da natureza, contribuindo para o esgotamento dela e o aumento da poluição proveniente dos impactos ambientais provocados para sua obtenção/extração.

Figura 4
Ciclo de vida de um tênis

Fonte: IBICT (2012).

No caso do tênis, devemos observar e medir, separadamente, o impacto ambiental em cada estágio da vida do produto (extração da matéria prima, fabricação, distribuição, comercialização, uso e disposição final). Todos os estágios juntos nos mostram o ciclo de vida do tênis. A fabricação de qualquer produto depende de um bom planejamento. É preciso organizar a fabricação, estudar o ciclo de vida do produto que será fabricado, escolher tecnologias e matéria-prima para uma produção limpa e sustentável, em que produção sustentável significa aquela que usa os recursos naturais (o ar, as águas dos rios e mares, o solo, os minerais do subsolo, os animais e as plantas) com cuidado, de maneira a termos o menor impacto ambiental possível, não poluindo e destruindo o meio ambiente para que esses recursos naturais não acabem.

Para que possamos entender melhor o ciclo de vida dos produtos, podemos tentar desenhar o fluxograma do ciclo de vida de outros produtos, tais como o do lápis, da caneta, e até mesmo do nosso telefone celular. No caso do celular, perceberemos que é mais difícil de estabelecer os processos do seu ciclo de vida, devido a sua complexidade e maior número de materiais que o constituem. Desse modo podemos perceber que, de um modo geral, quanto maior número de materiais possuir um produto para sua fabricação, maiores poderão ser seus impactos ambientais ao longo do seu ciclo de vida, principalmente na fase de obtenção e produção das matérias-primas necessárias para sua fabricação por necessitar de um maior número de matérias-primas, as quais possuem impactos ambientais associados aos seus processos de obtenção, e no seu fim de vida útil na fase de reciclagem por apresentar uma maior complexidade para separar e reciclar seus constituintes. Um exemplo disso é o chamado "lixo eletrônico", que é todo resíduo material produzido pelo descarte de equipamentos eletrônicos. Com o elevado uso de equipamentos eletrônicos no mundo moderno, esse tipo de lixo tem se tornado um grande problema ambiental quando não descartado em locais adequados. Os exemplos mais comuns são:

— monitores de computadores;
— telefones celulares e baterias;
— computadores;
— televisores;
— câmeras fotográficas; e

— impressoras.

A produção de lixo eletrônico é um problema que cresce de forma proporcional à quantidade de material descartado. Seja por afeição ou por falta de informações, outra postura comum é a de guardar materiais obsoletos (velhos) em casa. Aquela gaveta com celulares antigos pode trazer danos à saúde, pois guardar lixo eletrônico em casa é um grande risco. "Isto pode trazer sérios problemas pulmonares e respiratórios, câncer, fungos e vários outros danos" (Costa, 2010). Além de riscos diretos à saúde do consumidor, o descarte incorreto de eletrônicos pode contaminar água, solo e ar.

Os exemplos com tênis e sapatos são somente para que possamos adquirir experiência na representação dos processos/estágios do ciclo de vida de produtos e comecemos a perceber que, quanto mais complexo o produto (mais materiais ele tem), maior será a cadeia de processos do seu ciclo de vida.

Vamos fazer agora uma análise comparativa semiquantitativa (estimativa) entre um lápis feito de borracha mineral (proveniente do petróleo) e um lápis feito de madeira de manejo (aquela que não é obtida com o desmatamento de florestas existentes) para impactos de emissões de CO_2 (dióxido de carbono ou gás carbônico) na atmosfera. Primeiramente, devemos representar o fluxograma do ciclo de vida de ambos os lápis. A partir da representação, deveremos identificar quais processos podem estar gerando emissões e absorções significativas de dióxido de carbono, identificando-os no fluxograma, conforme figura 5.

Figura 5
Processos do ciclo de vida do lápis de madeira e de borracha

LÁPIS DE BORRACHA

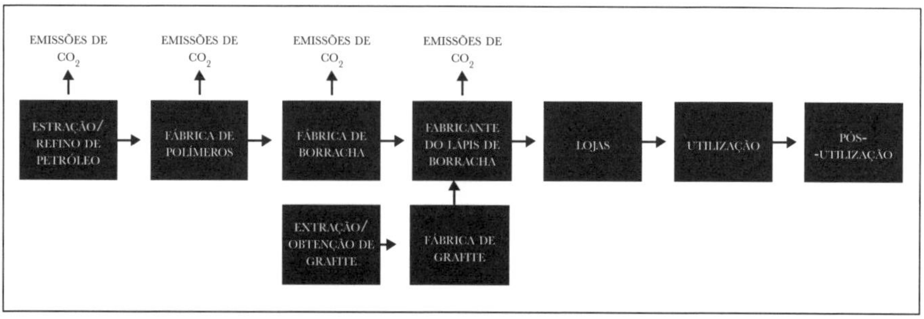

LÁPIS DE MADEIRA

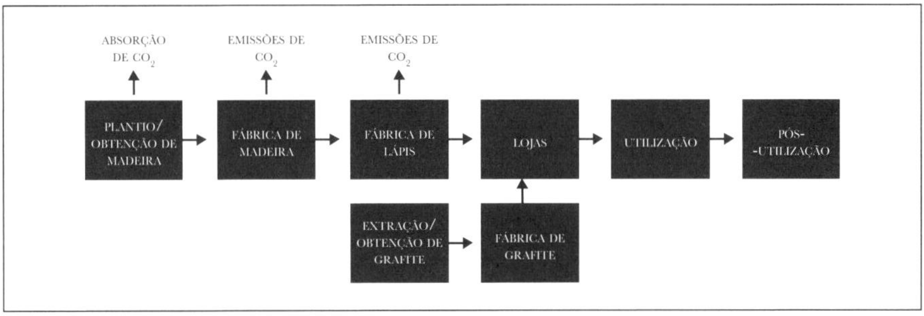

Fonte: Elaboração própria.

No caso do lápis de borracha mineral, seu ciclo de vida começa na extração/refino de petróleo, enquanto o lápis de madeira, seu ciclo de vida começa com o plantio da madeira para sua obtenção. No caso do lápis de borracha, os processos de extração/refino do petróleo, fábrica de polímeros (matéria-prima da borracha), fábrica de borracha e fábrica de lápis, todos emitem CO_2 proveniente principalmente do consumo de energia nos processos. Já no lápis de madeira, no primeiro processo que representa o plantio/obtenção da madeira não há emissões de CO_2; diferentemente do primeiro processo de produção do lápis de borracha que é o refino de petróleo, este processo absorve CO_2 por conta do cultivo de árvores que ao crescerem realizam fotossíntese e utilizam CO_2 e água para crescerem. Os outros dois processos correspondentes à fábrica de madeira e à fábrica de lápis emitem (lançam) CO_2 na atmosfera.

Os processos de distribuição para as lojas, utilização do lápis, pós-utilização, extração/obtenção da grafite e fábrica de grafite são comuns (iguais) aos dois produtos, por isso, para efeitos de comparação, podemos descartá-los, pois o quantitativo de emissões nesses processos será o mesmo para ambos os lápis.

Percebam que nesta análise podemos ter uma visão do todo e saber quais são os processos do ciclo de vida de ambos os produtos que irão fazer diferença em termos de impactos ambientais para os produtos apenas pensando no seu ciclo de vida como um todo, analisando cada processo e comparando os processos dos dois lápis.

Após identificarmos quais processos irão contribuir em termos de emissões, podemos nos questionar de maneira intuitiva sobre o quantitativo dessas emissões entre ambos os produtos. Exemplo: no primeiro processo de ambos os produtos, para o lápis de borracha temos emissões de CO_2 na extração/refino de petróleo, já no lápis de madeira temos absorção de CO_2 no plantio da madeira. Nos outros processos temos emissões, porém se formos comparar intuitivamente quanto ao volume (quantidade) dessas emissões, poderemos perceber intuitivamente que o processo de fabricação de polímeros[3] e borracha gera mais ou igual quantidade de emissões que o processo da fábrica de madeira (serralheria), e nos demais processos semelhantes as emissões são iguais.

Podemos concluir de maneira intuitiva, por meio do pensamento do ciclo de vida, que o lápis de madeira é ambientalmente melhor que o lápis de borracha para o efeito estufa.

Perceba que isso é uma coisa intuitiva, pois para realmente certificarmos o quantitativo real de cada processo, precisaríamos realizar um estudo detalhado de ACV, porém o objetivo deste texto não é ensinar a fazer um estudo detalhado de ACV, mas sim fazer com que possamos adquirir um pensamento crítico a respeito dos impactos ambientais de um determinado produto, pensando nos processos de seu ciclo de vida.

Outro exemplo disso seria compararmos, por exemplo: gasolina *versus* etanol (álcool): qual é o melhor combustível para evitar o efeito estufa? Todos ouvem dizer que o etanol é melhor que a gasolina para evitar o aquecimento global, mas por quê? Para respondermos essa pergunta por meio do pensamento do ciclo de vida, precisamos conhecer os processos envolvidos no ciclo de vida de ambos os produtos para analisarmos onde há possíveis emissões que contribuem para o aquecimento global, em especial, emissões de dióxido de carbono (CO_2).

---

[3] Polímeros são macromoléculas em que existe uma unidade que se repete, chamada monômero. O nome vem do grego: poli = muitos + meros = partes, ou seja, muitas partes. A reação que forma os polímeros é chamada de polimerização. Para demonstrar a importância do estudo dos polímeros, basta mencionarmos que a variedade de objetos a que temos acesso hoje se deve à existência de polímeros sintéticos, como: sacolas plásticas, para-choques de automóveis, canos para água, panelas antiaderentes, mantas, colas, tintas, chicletes etc.

Iniciando pelo etanol, sua obtenção começa com o cultivo da cana-de--açúcar (matéria-prima utilizada para sua obtenção no Brasil), cujo processo é o primeiro do início de seu ciclo de vida. Nesse estágio/processo, há o plantio, manejo e colheita da cana-de-açúcar. Durante o período de crescimento da cana, ocorre fotossíntese realizada pela cana-de-açúcar, que absorve CO_2 e água para seu crescimento. Isso nos permite concluir de maneira intuitiva que nesse primeiro estágio do ciclo de vida do etanol, de um modo geral, temos absorção de CO_2 por meio do cultivo da cana. O segundo estágio do ciclo de vida do etanol é a produção de etanol propriamente dita na usina, que pode ser dividida em quatro processos. O primeiro é a lavagem da cana, o segundo é a moagem da cana-de--açúcar, o terceiro é a fermentação, o quarto é a destilação (obtenção do álcool). Para realizar esses processos, é necessário o gasto de energia, que normalmente vem da queima do bagaço da cana gerado no processo de moagem. Isso nos permite concluir que, nesse estágio do ciclo de vida do etanol, teremos emissões de CO_2 proveniente da queima do bagaço para geração de energia. O terceiro e último estágio do ciclo de vida do etanol é o processo de sua utilização/consumo como combustível nos veículos. Nesse processo teremos a combustão (queima) do etanol que irá gerar principalmente emissões de CO_2 e água. Desse modo, no último processo do ciclo de vida do etanol temos emissões de CO_2.

Fazendo-se a mesma comparação para gasolina, temos: seu ciclo de vida começa na fase de exploração de petróleo. Nesse estágio temos gastos energéticos pelas plataformas e embarcações para realizar as atividades de exploração e explotação (produção) do petróleo, de modo que teremos emissões de CO_2 provenientes principalmente do consumo de gás natural que é utilizado em maior parte para geração de energia para produção de petróleo. O segundo processo do seu ciclo de vida é o refino do petróleo (refinaria) para obtenção da gasolina. Nesse estágio também ocorrem grandes gastos energéticos para obtenção da gasolina por meio da destilação (processo de purificação de mistura de substâncias, neste caso, para separar a gasolina existente no petróleo) do petróleo. Há consumo de combustíveis pelas caldeiras (máquinas de aquecimento que em geral utilizam gás natural como combustível) gerando emissões de CO_2.

O terceiro e último processo do ciclo de vida da gasolina é sua utilização como combustível nos veículos, que irá gerar emissões de CO_2 proveniente da sua queima.

A figura 6 representa o ciclo de vida simplificado de ambos os produtos destacando as emissões dos processos. Nessa representação, pode-se perceber que, comparando o ciclo de vida de ambos os produtos, apesar de não termos valores absolutos quantitativos, pode-se saber qual melhor produto do ponto de vista ambiental para minimizarmos o efeito estufa.

Figura 6
Comparação dos ciclos de vida da gasolina e do etanol

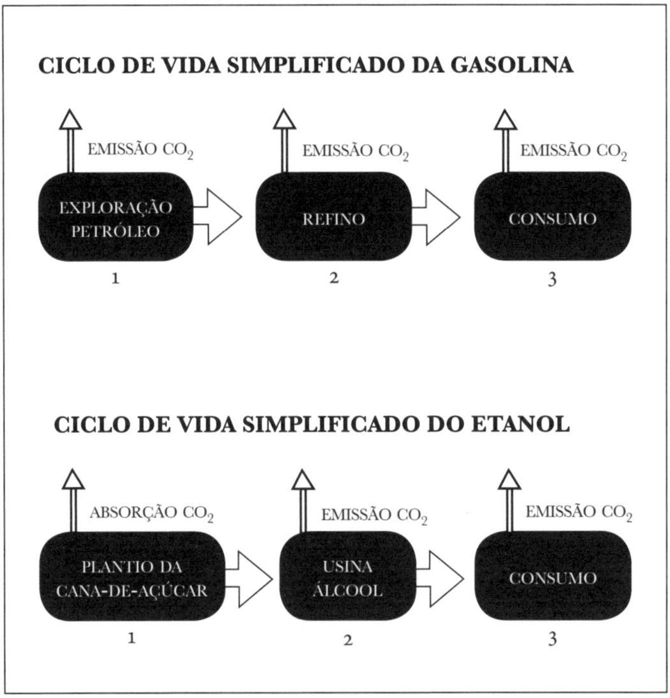

Fonte: Elaboração própria.

Observando a figura 6 e comparando-se os processos, pode-se verificar intuitivamente que no início do ciclo de vida do etanol temos absorção de CO_2 e na gasolina, emissão de CO_2 (processos 1), no segundo estágio (processos 2), para o processo de refino de petróleo temos emissões e no processo de usina também, porém sabe-se intuitivamente que o processo produtivo de uma usina gera menor quantitativo de emissão que o de uma refinaria de petróleo, ou seja, nesse caso o etanol também tem um ganho em relação à gasolina. Por fim, na última etapa (processos 3), temos o consumo de ambos os combustíveis que geram emissões, que nesse caso pode-se dizer que, em termos quantitativos de CO_2, ambos serão parecidos.

Após realizarmos uma breve análise de ambos os combustíveis baseada no pensamento do ciclo de vida desses, podemos chegar a algumas conclusões, sem que seja necessário realizarmos uma ACV detalhada (de acordo com a norma NBR ISO 14040) para quantificar esses dados. Percebe-se que, no caso da gasolina, em todos os estágios/processos de seu ciclo de vida, temos emissões de CO_2. Diferentemente da gasolina, o etanol possui um estágio em seu ciclo de vida, no processo de cultivo/obtenção da cana-de-açúcar, em que há absorção de CO_2, fazendo com que ele tenha um desempenho ambiental melhor que a gasolina para efeitos de aquecimento global, pois as emissões que temos no consumo são de certa forma neutralizadas (absorvidas) na fase do cultivo da cana-de-açúcar em seu ciclo de vida, diferentemente da gasolina em que não há nenhuma fase onde ocorra absorção de CO_2 em seu ciclo de vida.

A mesma analogia pode ser utilizada para compararmos diesel *versus* biodiesel. Ao compararmos esses dois combustíveis, se fôssemos analisar somente o processo de utilização de ambos como combustíveis nos motores a diesel, sem observar as demais fases do ciclo de vida de ambos, poderíamos dizer que o biodiesel é até "pior" do que o diesel para efeitos de aquecimento global, uma vez que o biodiesel possui um poder calorífico menor do que o do diesel de petróleo (isso equivale a dizer que, para percorrermos uma mesma distância com um veículo movido a diesel e um veículo movido a biodiesel, teremos um consumo maior no veículo movido a biodiesel) e uma cadeia carbônica um pouco maior do que a do diesel mineral, contendo mais átomos de carbono em sua cadeia, o que gerará maior quantitativo de CO_2 no seu consumo.

O diesel mineral possui em sua composição hidrocarbonetos (moléculas orgânicas compostas de carbono e hidrogênio) que variam em média de 12 a 16 átomos de carbono. No caso do biodiesel, dependendo da matéria-prima, o número de carbonos em sua molécula varia em média de 16 a 20 átomos de carbono. Tomando-se como base um diesel que tenha em sua maior parte a composição de 16 átomos de carbono e um biodiesel formado por um éster (função química do biodiesel, formado pela reação química de transesterificação de um ácido graxo [óleos e gorduras] com álcool) que possua em sua maior parte 18 átomos de carbono, considerando-se que o consumo de ambos fosse igual para percorrer uma mesma distância e suas densidades semelhantes, podemos fazer a seguinte analogia. Analisando-se a combustão (queima) dos dois, teremos como produto em ambos CO_2 e água (figura 7). Porém, no caso do diesel, para cada molécula desse, geraremos 16 moléculas (mols) de CO_2 (cada molécula de CO_2 tem 44 unidades de massa atômica, obtendo-se nesse caso 704g de CO_2) enquanto o biodiesel, para cada molécula consumida em sua combustão, geraremos 18 moléculas de CO_2 (o que equivale a 792g de CO_2), ou seja, dois mols a mais para cada mol de combustível queimado (por meio de combustão).

Figura 7
Produtos gerados da queima (consumo) de diesel ou biodiesel

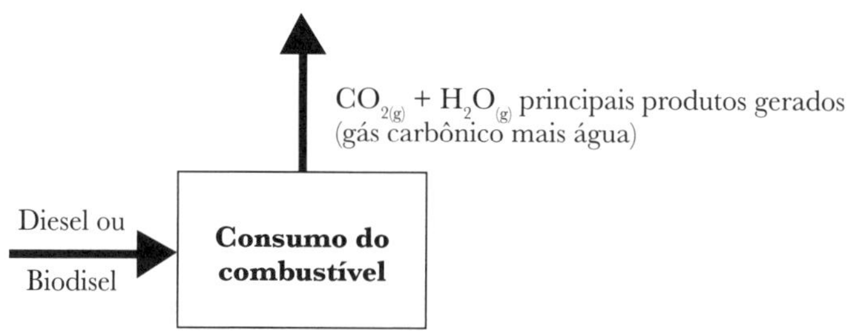

Fonte: Elaboração própria.

Mas se o biodiesel produz em sua queima o mesmo quantitativo ou um pouco mais de CO_2 do que o diesel mineral para percorrer uma mesma distância por um veículo, por que este é melhor do que o diesel para efeitos de aquecimento global (efeito estufa)? Para respondermos essa pergunta, precisamos pensar no ciclo de vida de ambos. No caso do biodiesel, do mesmo modo que o álcool etílico (etanol), teremos um estágio de cultivo/obtenção da matéria-prima onde há absorção de CO_2 que pode ser plantio de soja, mamona, girassol, castanha-do-pará, entre outros. No caso do diesel que é proveniente do petróleo, do mesmo modo que a gasolina, não temos nenhum estágio de seu ciclo de vida onde haja absorção de CO_2. Ou seja, grande parte das emissões de CO_2 que o biodiesel produz na fase de consumo, durante sua utilização, é absorvida no seu ciclo de vida durante a fase do plantio da sua matéria-prima; isso faz com que haja uma compensação do balanço total de CO_2 que é gerado durante seu ciclo de vida, tornando-o ambientalmente mais atraente do que o diesel mineral, sem considerar o fato de ele ser um combustível renovável, diferentemente do diesel do petróleo.

Nesses exemplos, fizemos uma análise simples comparando "gasolina *versus* etanol" e "diesel *versus* biodiesel" para efeitos de aquecimento global. Por meio dessa análise com base no pensamento do ciclo de vida de cada produto, podemos chegar à conclusão de qual combustível é melhor para efeitos de aquecimento global, sem ser necessário realizar-se uma ACV detalhada para fazer esta comparação.

6. Considerações finais

Os impactos ambientais causados pelo homem no planeta estão cada vez mais mudando os conceitos das novas gerações. Embora a sociedade no passado erroneamente pudesse se dar ao luxo de não se preocupar com os aspectos ambientais dos produtos, hoje em dia há uma preocupação maior com os impactos ambientais provenientes deles.

Uma melhor maneira de se ter uma visão dos impactos ambientais de um produto é mediante o pensamento do ciclo de vida dos produtos, que nos fornece uma visão holística (ampla) e crítica desses produtos do ponto de vista ambiental, considerando todo seu ciclo de vida. Para isso, basta, conforme foi mostrado nos exemplos citados, ter conhecimento dos materiais e processos (estágios) do ciclo de vida dos produtos e assim podermos questioná-los. *A melhor maneira de se começar a ter essa percepção é por meio do questionamento de onde as coisas vieram, como são produzidas, como são utilizadas e para onde irão após seu uso.*

Podemos perceber por meio dessa análise que, em geral, a não reciclagem ou reutilização de componentes de produtos acaba afetando um maior consumo de recursos naturais do planeta para fabricação de novos produtos, contribuindo para sua escassez (falta) e maior geração de resíduos proveniente do descarte desses produtos.

Em suma, por meio da disseminação do pensamento do ciclo de vida dos produtos poderemos estar dando uma base melhor para que a sociedade possa ter um consumo mais consciente ambientalmente no futuro. Estamos na década da educação para o desenvolvimento sustentável, entretanto, as iniciativas de contribuição do ensino superior para isto são poucas. As universidades do Brasil devem desenvolver meios para ajudar a sociedade a enfrentar os desafios da sustentabilidade. Isso deve ser uma responsabilidade de todos, ou seja, do governo (políticos), das indústrias (empresários) e das pessoas como um todo. Cada um deve fazer sua parte para que possamos preservar nosso planeta e recursos naturais nele existentes para as nossas futuras gerações (nossos netos, bisnetos etc.).

Referências

BOUSTEAD, I. et al. 2000. *Eco-indices*: what can they tell us? International Council on Mining & Metals — ICME. 2000. Disponível em: <www.icmm.com/uploads/35Eco-Indices.pdf>. Acesso em: dez. 2009.

BOWLER, P. J. *The Norton history of the environmental sciences*. Nova York: W.W. Norton & Company, 1992.

CALDEIRA-PIRES, A. A proposta preliminar do "Projeto Brasileiro de Inventário do Ciclo de Vida para a Competitividade da Indústria Brasileira", impacto da avaliação do ciclo de vida na competitividade da indústria brasileira. In: CILCA 2007 — CONFERÊNCIA INTERNACIONAL PARA O CICLO DE VIDA, 2007, São Paulo.

____; RABELO, R. R.; XAVIER, J. H. V. Uso potencial da análise do ciclo de vida (ACV) associada aos conceitos da produção orgânica aplicados à agricultura familiar. *Cadernos de Ciência & Tecnologia*, v. 19, n. 2, p. 149-178, maio/ago. 2002.

CHEHEBE, J. R. *Análise do ciclo de vida de produtos*: ferramenta gerencial da ISO 14000. Rio de Janeiro: Qualitymark, 1997.

CNUMAD. Conferência das Nações sobre o Meio Ambiente e Desenvolvimento. *Agenda 21*. 2. ed. Brasília: Senado Federal, Subsecretaria de Edições Técnicas, 1997.

COSTA, R. C. *Reciclagem de baterias de íons lítio por processamento mecânico*. Dissertação (mestrado) — Universidade Federal do Rio Grande do Sul, Porto Alegre, 2010.

DEGARMO, E. P.; BLACK, J. T.; KOHSER, R. A. *Materials and processes in manufacturing*. 8. ed. Upper Saddlr River, NJ: Prentice Hall. 1997.

ELSHOF, L. Toward sustainable practices in technology education. *Int. J. Technol. Des. Educ.*, v. 19, p. 133-147, 2009.

FREIRE, P. *Pedagogia do oprimido*. 30. ed. Rio de Janeiro: Paz e Terra; 2001. (O mundo hoje, v. 21).

GUINÉE, J. B. et al. Life cycle assessment: past, present, and future. *Environ. Sci. Technol.*, v. 45, p. 90-96, 2011.

GUTIERREZ-MARTIN, F.; HÜTTENHAIN, S. H. Environmental education: new paradigms and engineering syllabus. *Journal of Cleaner Production*, v. 11, p. 247-251, 2003.

HEISKANEN, E. The institutional logic of life cycle thinking. *Journal of Cleaner Production*, v. 10, p. 427-437, 2002.

IBICT. Instituto Brasileiro de Informação, Ciência e Tecnologia. *O pensamento do ciclo de vida*. 2. ed. Brasília, 2016.

JONES, P.; TRIER, C. J.; RICHARDS, J. P. Embedding education for sustainable development in higher education: a case study examining common challenges and opportunities for undergraduate programmes. *International Journal of Educational Research*, v. 47, p. 341-350, 2008.

LIMA, G. F. da C. Questão ambiental e educação: contribuições para o debate. *Ambiente & Sociedade*, Campinas, a. II, n. 5, p. 135-153, 1999.

MASCLE, C.; ZHAO, H. P. Integrating environmental consciousness in product/process development based on life-cycle thinking. *Int. J. Production Economics*, v. 112, p. 5-17, 2008.

MATTHEWS, D. H. et al. The green design apprenticeship: how an outreach program strengthens graduate research. *Journal of Industrial Ecology*, v. 13, n. 3, p. 467-476, 2009.

MOURAD, A. L.; GARCIA, E. E. C.; VILHENA, A. *Avaliação do ciclo de vida*: princípios e aplicações. Campinas: Cetea/Cempre, 2002.

NISSINEN, A. et al. Developing benchmarks for consumer-oriented life cycle assessment based environmental information on products, services and consumption patterns. *Journal of Cleaner Production*, v. 15, p. 538-549, 2007.

OMETTO, A. R.; GUELERE FILHO, A.; SOUZA, M. P. Implementation of life cycle thinking in Brazil's Environmental Policy. *Environmental Science & Policy*, v. 9, p. 587-592, 2006.

PHILIPPI JR., A. P.; TUCCI, C. E. M.; HOGAN, D. J.; NAVEGANTES, R. *Interdisciplinaridade em ciências ambientais*. PNUMA — Programa das Nações Unidas para o Meio Ambiente. São Paulo: Signus, 2000. p. 17-95.

SILVERSTAIN, M. *A revolução ambiental*. Rio de Janeiro: Nórdica, 1996.

UNEP. United Nations Environment Programme. *Unep guide to life cycle management* — a bridge to sustainable products. 2006.

XAVIER, J. H. V.; CALDEIRA-PIRES, A. Uso potencial da metodologia de análise de ciclo de vida (ACV) para a caracterização de impactos ambientais na agricultura. *Cadernos de Ciência & Tecnologia*, v. 21, n. 2, p. 311-341, maio/ago. 2004.

Capítulo 3 | Resíduos sólidos

André Teixeira Pontes[*]
Ana Carolina Maia Angelo[**]

1. Introdução

Geramos muito lixo no nosso dia a dia, pois nossas atividades sempre estiveram relacionadas com a geração de resíduos. Só a população brasileira gerou, em 2014, mais de 78 milhões de toneladas (Abrelpe, 2014) de resíduos sólidos urbanos. É mais de 1 kg de resíduo produzido diariamente por brasileiro!

Embora alguns municípios do país sofram com a ausência de coleta regular de resíduos, engana-se quem pensa que o problema deixa de existir quando passa o caminhão de coleta. Ele nasce muito antes! O problema nasce a partir de simples decisões que tomamos no nosso cotidiano, como: quando compramos algo por impulso e mandamos logo para

* Pesquisador do Laboratório de Sistemas Avançados de Gestão da Produção (Sage/Coppe/UFRJ) e professor adjunto da Faculdade de Farmácia da Universidade Federal Fluminense (UFF).
** Pesquisadora de doutorado do Laboratório de Sistemas Avançados de Gestão da Produção (Sage/Coppe/UFRJ).

a lixeira, quando espalhamos nossas compras em dezenas de saquinhos de supermercado desnecessários ou pegamos um novo copinho descartável a cada vez que bebemos água. Além disso, somos responsáveis pelos resíduos que geramos, o que significa que é de nossa responsabilidade destiná-los corretamente em lixeiras e locais apropriados para posterior recolhimento pela companhia de limpeza. Isso quer dizer que a produção de resíduos depende, basicamente, do nosso estilo de vida, ou seja, do que consumimos e do que consideramos como resíduo!

Entretanto, o problema também continua depois que os resíduos são recolhidos das nossas casas, uma vez que, quando dispostos em locais inapropriados, podem gerar muitos impactos negativos ao meio ambiente. Em 2014, um pouco mais de 7 milhões de toneladas de resíduos sólidos urbanos deixaram de ser coletados no Brasil e, consequentemente, tiveram destino final impróprio. É necessário, portanto, garantir uma destinação ambientalmente adequada, o que, infelizmente, ainda não é realidade em grande parte dos municípios brasileiros. Dados da Associação Brasileira de Empresas de Limpeza Pública e Resíduos Especiais (Abrelpe, 2014) mostram que a região Sudeste é a que apresenta a maior taxa de cobertura de resíduos sólidos urbanos do país, mais de 97%. Já as regiões Norte e Nordeste são as que possuem as menores taxas de cobertura de coleta, 80% e 79%, respectivamente.

Em sua essência, os termos lixo e resíduo são sinônimos, pois se referem àquilo que não possui mais serventia, ou seja, que é inútil. O próprio *Dicionário Houaiss da língua portuguesa* (Houaiss et al., 2001) define "lixo" como "qualquer material sem valor ou utilidade, ou detrito oriundo de trabalhos domésticos, industriais etc. que se joga fora". Porém, os resíduos, embora possam não ter mais valor para quem os gerou, ainda podem ser aproveitados de alguma maneira. A diferença está, portanto, no fato de o termo lixo estar associado, em geral, a um sentimento de aversão, em função de ser composto por elementos inúteis e malcheirosos, e os resíduos, a materiais que podem ser reaproveitados.

No capítulo anterior, nos foi apresentado o pensamento do ciclo de vida e como ele pode ser incorporado em nossas atividades e decisões diárias a fim de garantir a sustentabilidade ambiental. O objetivo deste capítulo é mostrar de que forma a sociedade pode contribuir para minimizar os impactos ambientais associados ao gerenciamento inadequado dos resíduos e a importância da adoção do pensamento do ciclo de vida nesse processo.

Dos resíduos sólidos urbanos coletados no Brasil, aproximadamente 32% são materiais recicláveis (papel, plástico, vidro, metais, entre outros) e 51,4% são resíduos orgânicos (dados do Plano Nacional de Resíduos Sólidos) (MMA, 2012). Considerando que os resíduos orgânicos também podem ser aproveitados para produção de adubo ou energia, podemos dizer que mais de 80% dos resíduos sólidos urbanos produzidos pela sociedade do país podem ser reciclados ou reaproveitados de alguma maneira. Entretanto, a maior parte desses resíduos simplesmente é descartada em lixões e aterros (sanitário e controlado). Embora o aterro sanitário seja considerado uma destinação ambientalmente correta pela Política Nacional de Resíduos Sólidos, veremos a seguir que ele é a última opção na hierarquia dos resíduos.

Antes de discutirmos sobre o gerenciamento dos resíduos sólidos e as alternativas de tratamento, é necessário estarmos atentos a alguns conceitos importantes! Neste contexto, é importante diferenciarmos os *resíduos* dos *rejeitos*. Isso nos ajuda a entender melhor por que a definição do dicionário não é a mais adequada.

Os resíduos são qualquer material, substância ou objeto descartado de alguma atividade nossa do dia a dia, que não tem mais serventia naquele momento, como a embalagem de algum produto, o óleo de cozinha usado etc. Mas isso não quer dizer que eles não possam ser aproveitados de alguma maneira. As cascas de frutas, por exemplo, podem virar adubo ou ser utilizadas em alguma receita! Já o óleo de cozinha usado pode virar sabão ou até mesmo biodiesel.[1]

Por outro lado, os rejeitos são os resíduos que não apresentam nenhuma possibilidade de serem reaproveitados, como os resíduos radioativos, medicamentos vencidos, alguns resíduos químicos etc. Isso significa que

[1] O biodiesel é um combustível para ser utilizado nos carros ou caminhões, feito a partir das plantas (óleos vegetais) ou de animais (gordura animal).

os rejeitos são os resíduos que, após esgotadas todas as opções de possibilidades de tratamento e recuperação por tecnologias disponíveis e economicamente viáveis, devem seguir para disposição final em aterro sanitário.

Infelizmente, a maior parte dos resíduos sólidos que geramos, ao invés de ser aproveitada, é destinada aos aterros sanitários e aos lixões. É importante destacar que o aterro sanitário é uma destinação que causa poucos impactos ao meio ambiente, sendo considerada ambientalmente adequada. Por outro lado, os lixões são considerados uma destinação ambientalmente inadequada, pois são terrenos a céu aberto onde os resíduos são jogados sem nenhum cuidado e acabam contaminando o meio ambiente. O ideal seria que os aterros sanitários recebessem apenas rejeitos e não os resíduos. Mudar esse quadro não é fácil, sendo necessário o envolvimento de toda a sociedade.

Ouvimos muito sobre resíduos sólidos e resíduos sólidos urbanos. Mas, afinal, o que significa cada termo? É isso que veremos na próxima seção (2) e também entenderemos um pouco mais sobre a classificação dos resíduos. Na seção 3, apresentaremos os problemas ambientais acarretados por uma destinação ambientalmente inadequada. Na seção 4, encontra-se uma breve descrição das diferentes destinações ambientalmente adequadas para os resíduos. A seção 5, por sua vez, contém a ordem de prioridade que devemos seguir em relação aos resíduos sólidos. Por fim, apresentaremos diferentes sugestões para melhorar o gerenciamento dos resíduos gerados nas nossas casas (seção 6) e algumas considerações finais (seção 7).

O *aterro sanitário* é um espaço preparado para recebimento do lixo, onde princípios de engenharia são utilizados para evitar a contaminação do solo e águas subterrâneas.

2. Tipos de resíduos

Existem diferentes tipos de resíduos sólidos, como papel, papelão, vidro, alumínio, restos de alimento, óleo de cozinha usado, entulhos de construção, resíduos infectantes gerados em hospitais, resíduos químicos e até mesmo resíduos radioativos. Cada tipo de resíduo tem uma destinação mais apropriada. Alguns resíduos podem ser reciclados, como é o caso da maioria dos resíduos que geramos nas nossas casas (papel, papelão, vidro, metais, óleo de cozinha usado etc.), outros não, como os resíduos infectantes, os radioativos.

Além disso, os diferentes tipos de resíduos podem necessitar de diferentes cuidados na sua separação, no acondicionamento, no transporte e na destinação final. Alguns até necessitam de um tratamento prévio antes de serem encaminhados para a disposição final, como é o caso dos resíduos infectantes, que são aqueles gerados nos hospitais e clínicas e que estão contaminados por material biológico.

> *Material biológico* pode ser sangue, sêmen, fezes, urina, entre outros!

Esses resíduos devem ser separados em recipientes exclusivos e identificados, pois não podem ser misturados com nenhum outro tipo de resíduo e precisam ser transportados em um veículo exclusivo até o local de tratamento. Os resíduos infectantes são tratados em um equipamento chamado autoclave, que é uma grande panela de pressão, onde os resíduos são aquecidos até acabar com a carga biológica infectante. Só após isso é que esses resíduos podem ser encaminhados para a disposição final, que pode ser um aterro sanitário. Por outro lado, os resíduos recicláveis (papel, vidro etc.) não precisam de nenhum cuidado especial e servem como fonte de renda para cooperativas de reciclagem. O único cuidado que se deve ter com relação aos recicláveis é para que eles não sejam contaminados por outro tipo de resíduo. Por exemplo, se o resíduo reciclável tiver contato com um resíduo infectante, ele será contaminado e passará a ser tratado como infectante, perdendo assim o potencial de geração de renda. Guardanapos com gordura ou batom também não são recicláveis!

Outro exemplo interessante são os resíduos orgânicos. Eles representam mais da metade dos resíduos que geramos e normalmente são depositados nos aterros sanitários. Porém, se tratados da maneira correta, podem virar adubo de excelente qualidade, por meio da compostagem, ou até mesmo gerar eletricidade a partir da produção de biogás!

Todos esses exemplos mostram como é importante conhecermos os diferentes tipos de resíduos, pois assim podem ser separados e tratados corretamente.

2.1 Classificação dos resíduos

Existem diferentes formas de classificar os tipos de resíduos. Destacamos três formas: quanto à composição química, por fonte geradora e quanto ao perigo que ele pode gerar (periculosidade).

2.1.1 Composição química

Os resíduos podem ser classificados entre orgânicos e inorgânicos. O *resíduo orgânico* é o que contém matéria diretamente derivada dos seres vivos como folhas e galhos de árvores, restos de alimentos, cascas de frutas e legumes, penas e pelos de animais, cabelo, papel, carcaças. A principal característica do resíduo orgânico é que ele se degrada rapidamente. Isso ocorre por causa da ação de fungos e bactérias que se alimentam desse tipo de matéria, quebrando-a em partículas cada vez menores até alcançarem um tamanho tão pequeno que não há mais como degradá-la. É por essa razão que o resíduo orgânico também é chamado de resíduo biodegradável, pois os elementos que formam a matéria orgânica são devolvidos ao ambiente, onde são utilizados novamente. Entretanto, vale ressaltar que existem alguns tipos de resíduos orgânicos, como óleo vegetal e pano (sem ser o sintético!), que, embora sejam biodegradáveis, não se degradam com tanta facilidade.

Já os *resíduos inorgânicos* são aqueles que não possuem origem biológica. São compostos principalmente por materiais de embalagens como plásticos, metais, vidro etc., e, por isso, também são conhecidos como resíduos secos ou recicláveis. Os resíduos inorgânicos também sofrem degradação, mas não como os resíduos orgânicos. Parte dos resíduos inorgânicos possui um grande problema: quando jogado diretamente no meio ambiente (terrenos baldios, ruas, rios etc.), sem tratamento prévio, demora muito tempo para ser decomposto. Alguns demoram tanto tempo que, na prática, nem são considerados degradáveis. A tabela 1 apresenta o tempo que diferentes tipos de resíduos levam para se degradar completamente, isto é, para serem absorvidos pelo meio ambiente.

Tabela 1
Tempo de decomposição dos materiais

Resíduo	Tempo para decomposição
Cascas de frutas	3 meses
Chiclete	5 anos
Copinhos de plástico	de 200 a 450 anos
Embalagens de papel	de 1 a 4 meses
Fralda descartável	600 anos
Garrafas de plástico	mais de 500 anos
Guardanapos de papel	3 meses
Jornais	de 2 a 6 semanas
Latas de alumínio	de 100 a 500 anos
Madeira pintada	13 anos
Nylon	de 30 a 40 anos
Palito de fósforo	2 anos
Pano	de 6 a 12 meses
Pilhas e baterias	de 100 a 500 anos
Pneus	indeterminado
Pontas de cigarro	2 anos
Tampinhas de garrafa	de 100 a 500 anos
Vidro	indeterminado

Fonte: Magalhães (2001).

2.1.2 Classificação por fonte geradora

Os resíduos também podem ser classificados de acordo com o local de sua geração. De acordo com esse tipo de classificação, os resíduos podem ser agrupados em cinco categorias:

(1) *Resíduos domiciliares*, que são aqueles produzidos dentro de casa, como os restos de comida, produtos deteriorados, papéis, plásticos, metais, vidros, latas, fraldas descartáveis, papel higiênico. Como esses resíduos são ricos em matéria orgânica, quando se decompõem, produzem chorume;

(2) *Resíduos comerciais e industriais*, produzidos nesses tipos de estabelecimentos, têm composição variável. Podem ser desde restos de comida, embalagens e resíduos de processamento até os especiais, como explosivos, inflamáveis e tóxicos que constituem uma categoria especial;

(3) *Resíduos de limpeza urbana (ou de varrição)*, que são os resíduos resultantes de varrição, capina dos locais públicos, bem como móveis velhos, galhos, cerâmicas e outros materiais;

(4) *Resíduos do serviço de saúde*: aqueles gerados pelos estabelecimentos de saúde (hospitais, clínicas, postos); e

(5) *Resíduos de fontes especiais*, como os resíduos radioativos, agrícolas, resíduos da construção civil, entre outros.

Embora os conceitos discutidos neste capítulo sirvam para todos os tipos de resíduos, focaremos um pouco mais nos resíduos sólidos domiciliares!

> O *chorume* é um líquido escuro ácido e de odor desagradável, com elevado potencial poluidor!

Você sabia que, além dos resíduos sólidos que geramos diariamente em nossas casas, existem outros tipos de resíduos que também são gerados nas residências?

O primeiro são os resíduos líquidos, também chamados de efluentes ou esgoto, que geramos principalmente no banheiro e na cozinha, mas também quando lavamos o quintal, o carro, damos banho nos animais etc. Estes efluentes vão para a rede de esgoto e precisam ser tratados antes de serem devolvidos ao meio ambiente. A coleta e o tratamento fazem parte do saneamento básico e são fundamentais para a saúde da população e para evitar a poluição de rios, lagos, mares etc.

Além desses resíduos líquidos, também geramos resíduos gasosos! Que chamaremos de emissões atmosféricas. Quando fazemos um churrasco, ou andamos de carro, moto ou outro veículo a combustão, estamos liberando para a atmosfera vários tipos de gases. Alguns desses gases são chamados de gases poluentes, porque, se inalados por um longo período, podem causar doenças.

2.1.3 Classificação quanto ao risco potencial (periculosidade)

Os resíduos podem ser classificados também em relação ao risco que representam para o meio ambiente e para as pessoas de duas formas:

- Classe 1, os *resíduos perigosos*; e
- Classe 2, os *resíduos não perigosos*.

Resíduos perigosos são os que apresentam riscos à saúde ou ao meio ambiente, por conterem quantidades significativas de substâncias químicas nocivas ou microrganismos patogênicos e, por isso, merecem cuidados especiais. Esses cuidados incluem a maneira como são manipulados, acondicionados e depositados. Nessa categoria estão os resíduos nucleares, o lixo de hospitais e postos de saúde, além de alguns tipos de lixos industriais.

Os resíduos domésticos podem conter resíduos perigosos como pilhas, lâmpadas fluorescentes, baterias, restos de tintas e de produtos de limpeza, óleo lubrificante e medicamentos vencidos e que podem ser reaproveitados, como é o caso das pilhas, baterias, lâmpadas e óleo lubrificante.

> *Microrganismos patogênicos* são aqueles que podem causar doenças!

Figura 1
Resíduos sólidos gerados na cidade do Rio de Janeiro (dez. 2011)
Você sabia que mais da metade dos resíduos gerados nas residências cariocas é matéria orgânica?

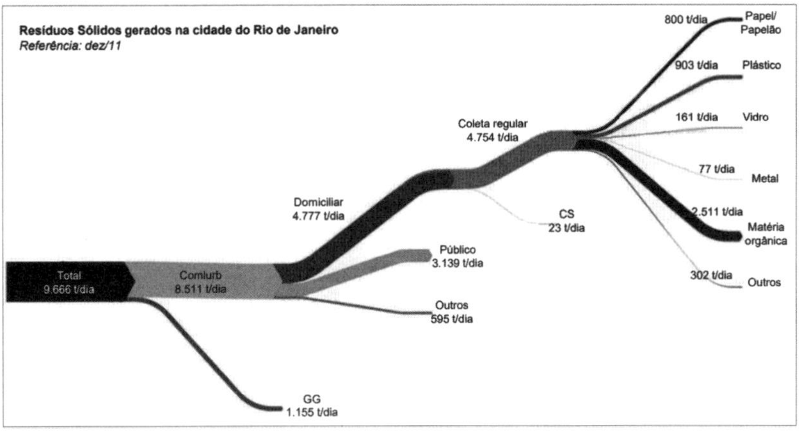

Fonte: Angelo (2014).

3. Destinação ambientalmente inadequada

Os resíduos sólidos, quando dispostos de maneira errada no ambiente, podem gerar muitos problemas para a natureza e para a sociedade. Por exemplo, quando jogamos um resíduo na rua, ele pode atrapalhar o escoamento da água da chuva e contribuir para agravar problemas de inundações; pode também contribuir com a proliferação de animais que podem transmitir doenças (rato, moscas), além de poder gerar mau odor.

Os plásticos, embora sejam recicláveis, normalmente são encaminhados para os aterros sanitários ou para os lixões ou, ainda pior, acabam nas ruas, rios e mares. Os plásticos causam vários impactos ao meio ambiente como: poluição, enchentes, entupimento de galerias, degradação do meio ambiente, morte de animais, acúmulo de lixo, aquecimento global e longo tempo para degradação.

> Em 2050, teremos mais plástico do que peixes nos oceanos!

A produção mundial de plásticos[2] saltou de 15 milhões de toneladas em 1964 para 311 milhões de toneladas em 2014. Isso quer dizer que, em apenas 50 anos, a produção de plástico cresceu 20 vezes! Mais de 70% do plástico consumido pela sociedade mundial vai parar no meio ambiente: 32% vão direto para os oceanos e 40% para os aterros sanitários. Se continuarmos com esse ritmo, teremos mais plástico nos oceanos do que peixes em 2050!

Infelizmente, uma destinação muito comum no Brasil para os resíduos sólidos são os chamados "lixões", que, como falado anteriormente, são terrenos a céu aberto sem nenhuma preparação para receber os resíduos, pois a ausência de uma camada impermeabilizante permite que o líquido altamente poluidor que escorre dos resíduos, o chorume, penetre no solo e contamine os lençóis freáticos. No lixão, os resíduos e rejeitos ficam expostos sem nenhum procedimento que evite as consequências ambientais e sociais negativas (proliferação de ratos, moscas e outros animais; acesso de crianças e catadores que ficam expostos aos perigos de resíduos como agulhas contaminadas etc.).

[2] Dados do Relatório do Fórum Econômico Mundial, publicado em janeiro de 2016, *The new plastics economy: rethinking the future of plastics.*

4. Destinações ambientalmente adequadas

Garantir uma destinação ambientalmente adequada para os resíduos é fundamental para evitar muitos problemas ambientais, sociais e de saúde pública. Mas qual será a melhor destinação para os resíduos? Para responder essa pergunta é fundamental conhecer o tipo de resíduo. Se o resíduo for reciclável, é preferível reciclá-lo a jogá-lo no aterro sanitário, por exemplo. Isso quer dizer que existe uma ordem de preferência de tratamento de resíduos, conforme pode ser observado na figura a seguir.

Figura 2
Ordem de prioridade segundo a Política Nacional de Resíduos Sólidos

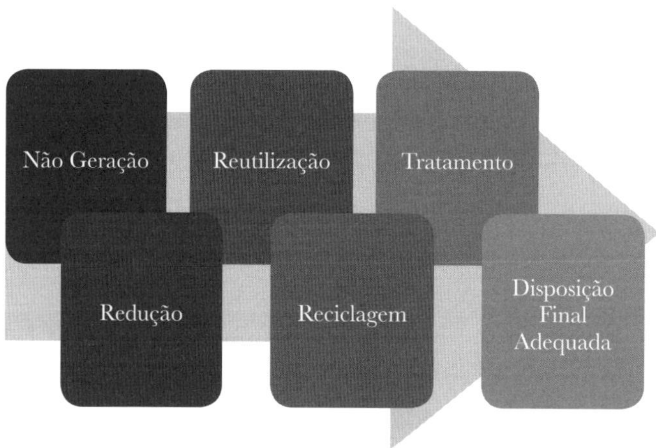

Fonte: Brasil (2010).

Dessa maneira, devemos buscar primeiramente a *não geração* do resíduo, isto é, a prevenção da geração do resíduo. Essa é a opção mais desejável, em que medidas devem ser tomadas para que determinado produto ou material não se torne resíduo, diminuindo assim a quantidade de resíduos gerados. Caso não seja possível a prevenção, a alternativa preferível é a da *reutilização do resíduo*, em que o resíduo é reaproveitado, como é o caso de sofás e poltronas de garrafas *pet*. A outra opção é a *reciclagem*, em que os resíduos passam por uma operação de valorização (reprocessamento ou beneficiamento) transformando-se novamente em produtos ou materiais, como ocorre com a reciclagem do óleo de cozinha para produção de sabão ou até mesmo biocombustível (no caso o biodiesel). A quarta opção da hierarquia é a *recuperação do resíduo*, que consiste em outros tipos de valorização do resíduo, sendo o reaproveitamento energético a forma de valorização mais usada. Por fim, após esgotadas todas as possibilidades de tratamento, tem-se a *disposição final*, que deve ser feita de maneira ambientalmente adequada e, para isso, é necessário tratamento dos resíduos para redução dos riscos associados. A seguir, são detalhadas todas as formas de tratamento dos resíduos.

4.1 Reutilização

A reutilização também é uma forma de reduzir a quantidade de resíduos gerada, pois os produtos permanecem mais tempo em uso antes de serem descartados. Consiste, basicamente, no aproveitamento de produtos, objetos ou embalagens sem que eles sofram quaisquer tipos de alterações ou processamentos complexos (só passam, por exemplo, por limpeza). Existem inúmeras formas de reutilização, dependendo da criatividade do gerador. Os principais resíduos que podem ser reutilizados são embalagens e roupas, modificando sua aparência e finalidade. Na nossa casa, por exemplo, podemos adotar algumas medidas de reutilização dos resíduos:

- Separar sacolas, sacos de papel, vidros, caixas, papéis e demais embalagens ou materiais que podem ser reutilizados;
- Usar como rascunho o verso de folhas de papel já utilizadas;
- Reutilizar envelopes, colocando etiquetas sobre o endereço do remetente e destinatário;
- Pensar em restaurar e conservar antes de pensar em jogar fora;
- Não jogar no lixo aparelhos quebrados que podem ser vendidos no ferro-velho ou em lojas de consertos para serem desmontados e reaproveitadas as peças.

Além dessas medidas que podemos adotar em nossas casas, podemos realizar também ações com nossa vizinhança, como a realização de feirinhas para a troca e/ou venda de produtos usados e campanhas para arrecadar produtos usados para doação.

4.2 Reciclagem

A reciclagem é um processo em que determinados tipos de resíduos são reutilizados como matéria-prima para a fabricação de novos produtos.

Esse processo é importante, nos dias de hoje, porque transforma aquilo que iria ou já se encontra no lixo em novos produtos, reduzindo resíduos que seriam lançados na natureza, ao mesmo tempo que poupa matérias-primas (extração de recursos da natureza), muitas vezes oriundas de recursos não renováveis, e energia. Para produzir alumínio reciclado, por exemplo, utilizam-se apenas 5% da energia necessária para fabricar o produto a partir da extração e recursos naturais.

Dessa forma, é importante separar esses materiais, para que não sejam encaminhados juntamente com o lixo que não é reciclável, não tendo outro destino a não ser ocupar espaço nos aterros sanitários.

Um bom exemplo é o óleo de cozinha. Atualmente, a maior parte desse óleo é despejada em ralos, comprometendo as tubulações residenciais e as redes de tratamento de esgoto, além de contaminar os rios, lagoas e mares. Nas regiões onde não há rede coletora, o óleo vai diretamente para os rios e lagoas, aumentando significativamente a poluição e a degradação ambiental. Essa prática acarreta prejuízos à população e aos governos.

Reciclar os resíduos em vez de encaminhá-los para o aterro sanitário ou para um lixão é benéfico para o meio ambiente por vários motivos. Além de diminuir a quantidade de lixo depositada nesses locais, a reciclagem economiza água, energia e recursos naturais, já que a produção de novos bens consome petróleo, madeira, metal, vidro etc. e aumenta a poluição. A reciclagem ajuda ainda a gerar negócios e cria empregos. Portanto, reciclar é uma ação em que todos ganham: os cidadãos e a natureza.

Uma etapa fundamental para a reciclagem é a coleta seletiva, que se refere à coleta dos resíduos sólidos previamente segregados conforme sua constituição ou composição.

Você sabia?

Nas embalagens plásticas há um símbolo na forma de um triângulo com uma numeração que varia de 1 a 7. Cada símbolo refere-se a um tipo de plástico diferente, como mostrado a seguir.

Símbolo	Material	Exemplo
1	Polietileno tereftalado (PET)	Embalagens de refrigerantes e produtos de limpeza
2	Polietileno de alta densidade (Pead)	Tubos para líquidos e gás, embalagens de produtos químicos e cosméticos
3	Policloreto de vinila (PVC)	Calçados, tubulações, revestimento de cabos elétricos
4	Polietileno de baixa densidade (PEBD)	Filmes flexíveis para embalagens, sacos de lixo e embalagens de alimentos
5	Polipropileno (PP)	Equipamentos médicos e cirúrgicos, seringas, potes de margarinas e utilidades domésticas
6	Poliestireno (PS)	Material escolar, copos descartáveis e aparelhos de som e televisão
7	Outros	CDs, eletrodomésticos e plásticos especiais

4.3 Compostagem

A compostagem é uma forma de reciclagem dos resíduos orgânicos, em que microrganismos transformam a matéria orgânica num material semelhante ao solo, a que se chama composto, e que pode ser utilizado como adubo. Esse processo biológico pode ser realizado com o uso dos próprios microrganismos presentes nos resíduos, em condições ideais de temperatura, aeração e umidade.

Mais da metade dos resíduos gerados nas residências é composta por matéria orgânica (restos de alimentos, folhas, podas de jardim etc.) que normalmente é coletada pelo sistema de coleta municipal e encaminhada para o aterro sanitário. Porém, existem formas de aproveitar esse resíduo. Uma das mais interessantes é a compostagem, por ser relativamente fácil, poder ser feita na própria residência e gerar um adubo de excelente qualidade. Pode ser feita em grande escala, por empresas, ou em pequenas escalas, nas residências.

4.4 Aterro sanitário

Nesta modalidade, os resíduos são depositados em terrenos escolhidos após a realização de estudos geológicos, topográficos e de impacto ambiental. O aterro não pode se localizar, por exemplo, em áreas sujeitas a inundações — porque a água contaminada pelo lixo se espalharia pelos arredores — e devem respeitar uma distância mínima das fontes de água.

O solo do aterro sanitário é protegido por material isolante e há sistemas de captação e tratamento do chorume e dos gases produzidos pela decomposição do lixo. Em alguns aterros, os gases gerados pela decomposição dos resíduos por bactérias e outros microrganismos presentes neles são usados para gerar energia. Também há o cuidado de evitar a combustão dos detritos e a proliferação de animais transmissores de doenças.

Quando o aterro sanitário fica lotado, esgotando sua vida útil, ele é desativado. Coberto de terra compactada, o terreno pode ser transformado em um parque ou área de lazer, mas o solo não tem firmeza suficiente para a construção de prédios ou estruturas pesadas.

A figura 3 apresenta o esquema de funcionamento de um aterro sanitário.

Figura 3
Esquema de funcionamento de um aterro sanitário

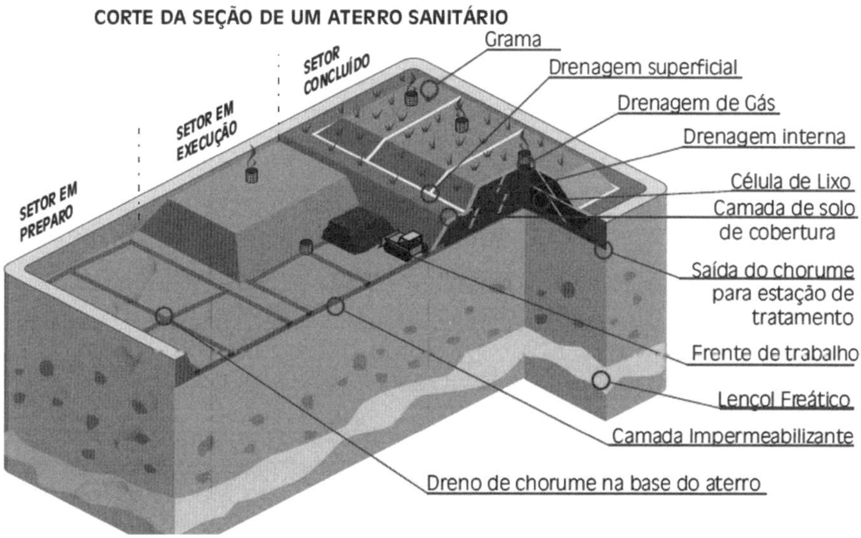

Fonte: <www.lixo.com.br>.

Um dos grandes problemas do aterro sanitário é sua localização. Como está cada vez mais raro achar um terreno disponível nas grandes cidades e no entorno, os aterros estão sendo construídos em locais mais distantes, o que aumenta muito o custo de transporte. Imagine o transporte diário de toneladas de resíduos!

Aterro Sanitário e Lixão no estado do Rio de Janeiro

Conforme já discutido, existe uma grande diferença entre aterro sanitário e lixão. O primeiro pode ser considerado uma destinação correta, já o segundo está longe disso.

O Rio de Janeiro enfrenta há muito tempo problemas com a destinação ambientalmente correta dos seus resíduos. Durante muito tempo, os resíduos gerados pela população da região metropolitana eram levados para o Lixão de Gramacho. A mesma situação era encontrada em vários outros municípios do estado.

A Secretaria Estadual do Ambiente (SEA) afirma que, em 2007, "a situação dos lixões era dramática: dos 92 municípios do Estado do Rio de Janeiro, 76 descartavam seus resíduos em lixões; e 12 em locais remediados e controlados. Apenas quatro cidades destinavam seu lixo adequadamente para aterros sanitários".

Em 2012, a SEA comemorou alguns resultados importantes, como o fechamento do Lixão de Gramacho e a inauguração de novos aterros sanitários na cidade, especialmente o de Seropédica, que está recebendo boa parte dos resíduos da região metropolitana.

Ao todo, em 2012, 71 cidades do estado do Rio de Janeiro passaram a destinar 85,7% de seus resíduos sólidos em aterros sanitários (em 2007 eram apenas 9%!), ou seja, quase 14 mil toneladas por dia (SEA, 2013).

4.5 Incineração

Neste tipo de destinação, os resíduos são queimados em fornos projetados para esse fim, a altas temperaturas, que acabam com qualquer microrganismo que estiver presente. A queima promove também uma redução de volume, o que faz com que vários países, que não possuem terreno disponível para a criação de aterros sanitários, utilizem este tipo de destinação.

O calor também pode ser reaproveitado para aquecer as casas (no caso de países frios) e para gerar energia.

5. Como devemos gerenciar os resíduos?

Depois que vimos que todas as nossas atividades geram resíduos, que existem diferentes tipos de resíduos, que eles podem causar sérios danos ao meio ambiente e que existem diferentes destinações possíveis, uma pergunta é inevitável: o que eu devo fazer com os resíduos? Qual seria a melhor solução para os resíduos do meu bairro?

Em 2010, foi publicada a Política Nacional de Resíduos Sólidos que regulamenta como devemos gerenciar os resíduos, em todas as esferas de governo. Essa política apresenta, entre seus objetivos, uma sequência de prioridade em relação aos resíduos.

Em primeiro lugar, deveríamos buscar *não gerar* resíduos. Como não gerar resíduos é muito difícil, uma segunda postura seria buscar gerar uma menor quantidade de resíduos (*reduzir*). Isso envolve questões como consumo consciente, buscar não comprar produtos sem necessidade, levar sua própria sacola na hora de fazer compras, zelar para que seus produtos durem mais etc.

Em terceiro lugar, com os resíduos que são gerados, poderíamos buscar maneiras de *reutilizá-los*. Alguns exemplos:

- doação para uma pessoa que precise (ex.: roupa, sapatos);
- buscar novas formas de utilizá-los, como um recipiente que poderia virar um vaso para plantas;
- criação de novos produtos por meio do artesanato;
- doação para uma cooperativa de artesanato.

Se não for possível a reutilização, devemos encaminhar os resíduos para a reciclagem, caso seja um resíduo reciclável. No caso de um resíduo orgânico (ex.: sobra de comidas), em que nem sempre é possível doar para alguém, uma forma de reciclar seria utilizar a técnica da compostagem, para gerar um adubo de ótima qualidade!

Esses princípios de *reduzir*, *reutilizar* e *reciclar* são conhecidos como 3Rs (figura 4).

Figura 4
Representação dos 3Rs

Fonte: < http://correionago.com.br/portal/sustentabilidade-e-os-3-r-2/>.

Se nada disso for possível, aí sim o resíduo deve ser encaminhado para o aterro sanitário, ou outra forma de destinação final ambientalmente adequada como o incinerador. A figura 5 resume essa ordem de prioridade.

Figura 5
Ordem de prioridade segundo a Política Nacional de Resíduos Sólidos

Fonte: Brasil (2010).

6. Sugestões para diminuir o desperdício e a geração de resíduo

A primeira coisa que devemos fazer é um diagnóstico no bairro onde moramos. Para isso, apresentamos algumas questões que ajudam a ter uma visão geral da situação dos resíduos sólidos:

- Existe coleta regular de resíduos?
- Existe coleta seletiva regular? Ou seja, existe algum dia da semana onde são recolhidos apenas os resíduos reutilizáveis e recicláveis?
- Existe catador de materiais reutilizáveis e recicláveis?
- Existe cooperativa de catador ou um "ferro-velho"?
- As pessoas do bairro têm o hábito de separar os resíduos?
- As pessoas do bairro têm o hábito de reutilizar resíduos? Exemplo, reutilizar garrafas PET ou latas.
- O que as pessoas do bairro fazem com o óleo de cozinha utilizado?
- O que as pessoas do bairro fazem com resíduos perigosos como pilhas e baterias?
- As pessoas do bairro gostam de plantas? Estariam dispostas a fazer compostagem dos resíduos orgânicos para gerar adubo?

Este diagnóstico serve para conhecer melhor como as pessoas do seu bairro lidam com seus resíduos, buscando identificar oportunidades para promover uma melhor gestão dos resíduos.

Caso exista interesse dos moradores em implantar a coleta seletiva (separação dos resíduos secos reutilizáveis e recicláveis), pode-se:

- Ver se a prefeitura possui um programa de coleta seletiva e se ele pode ser implantado no bairro;
- Buscar algum tipo de parceria com uma cooperativa de catadores para a coleta dos resíduos; ou
- Criar uma cooperativa para coletar e vender os resíduos reutilizáveis e recicláveis do bairro.

Além dessas abordagens mais coletivas, cada morador pode fazer sua parte, adotando pequenas medidas no seu dia a dia para diminuir o desperdício e a geração de resíduos.

Conhecimento em ação — medidas para diminuir o desperdício e a geração de resíduos

- Refletir sobre seus hábitos de consumo: questionar se as necessidades a serem atendidas pelo produto ou serviço a ser consumido são reais ou induzidas;
- Dar preferência a produtos duráveis;
- Escolher produtos e serviços que utilizem menos embalagens;
- Adquirir quantidades compatíveis com sua necessidade e com a validade do produto, evitando desperdícios;
- Usar produtos e serviços visando gerar menos resíduo;
- Procurar reutilizar os resíduos que não puderam ser evitados, dando-lhes uma segunda função ou repassando-os a outros usuários;
- Procurar descartar seletivamente os resíduos que não puderam ser evitados e nem reutilizados, dando-lhes uma destinação que favoreça sua reciclagem;
- Preferir produtos cujas embalagens são retornáveis;
- Utilizar sacolas duráveis ou reutilizadas para compras;
- Consertar utensílios e aparelhos ao invés de descartá-los.

7. Considerações finais

Todos nós geramos resíduos e seu correto gerenciamento é responsabilidade de todos. Enfrentar essa questão não é tarefa fácil, requer investimentos, pesquisa e ações de governo, além da participação da sociedade. Felizmente, a conscientização global sobre a questão dos resíduos tem aumentado. Mas, além de se conscientizar, é preciso agir. Sem esquecer que, se as pessoas se organizam e agem em conjunto, suas ações são mais eficientes e alcançam melhores resultados.

Referências

ABAL. Associação Brasileira do Alumínio. *Por que reciclar?* Disponível em: <www.abal.org.br/reciclagem/porque.asp>. Acesso em: 1º mar. 2013.

ABNT. Associação Brasileira de Normas Técnicas. *NBR 10.004*. ABNT, 2013.

ABRELPE. Associação Brasileira das Empresas de Limpeza Pública e Resíduos. *Panorama dos resíduos sólidos no Brasil 2014*. Disponível em: <www.abrelpe.org.br/panorama_apresentacao.cfm>.

ALVES, L. *Acidente com o Césio-137*. Disponível em: <www.brasilescola.com/quimica/acidente-cesio137.htm>. Acesso em: 18 fev. 2013.

ANGELO, A. C. M. Contribuições para o inventário do ciclo de vida dos resíduos orgânicos provenientes da coleta domiciliar na cidade do Rio de Janeiro. Dissertação (mestrado) — Instituto Alberto Luiz Coimbra de Pós-Graduação e Pesquisa em Engenharia, Universidade Federal do Rio de Janeiro, Rio de Janeiro, 2014.

BATISTA, T. S. A. Impactos ambientais causados pelas sacolas plásticas: o caso Campina Grande — PB. *Revista de Biologia e Farmácia*, v. 7, n. 1, p. 88-104, 2012.

BRASIL. Política Nacional de Resíduos Sólidos. Lei 12.305. *Diário Oficial da República Federativa do Brasil*, Brasília, DF, 2 ago. 2010.

HOUAISS, A.; VILLAR, M. de S.; FRANCO, F. M. de. *Dicionário Houaiss da língua portuguesa* — versão eletrônica. Rio de Janeiro: Objetiva, 2001.

MAGALHÃES, M. A. Tempo de degradação de materiais descartados no meio ambiente. *Centro Brasileiro para Conservação da Natureza — CMCN*, Viçosa, a. 8, n. 37, jan./fev./mar. 2001.

MMA. Ministério do Meio Ambiente. *Plano Nacional de Resíduos Sólidos*. 2012. Disponível em: <www.sinir.gov.br/documents/10180/12308/PNRS_Revisao_Decreto_280812.pdf/e183f0e7-5255-4544-b9fd-15fc779a3657>.

OLIVEIRA, L. L. et al. *Lixão zero*. Disponível em: <www.rj.gov.br/web/sea/exibeconteudo?article-id=926885>. Acesso em: 1º mar. 2013.

Capítulo 4 | Desperdício alimentar

*Alba Cánovas Creus**
*Ana Carolina Maia Angelo***

1. Apresentação

Você sabia que, de cada 3 kg de alimento produzido, só 2 kg chegam no nosso prato? O resto é jogado fora. Sim, estamos falando de alimento completamente próprio para consumo sendo desperdiçado, indo parar no lixo! Enquanto isso, milhares de pessoas passam fome ou sofrem de alguma desnutrição no mundo inteiro. Essa triste realidade precisa ser mudada!

No mundo inteiro, o desperdício representa 1,3 bilhão de toneladas de alimentos por ano. Isso representa um gasto de comida que pode chegar

* Pesquisadora do Laboratório de Sistemas Avançados de Gestão da Produção (Sage/Coppe/UFRJ).
* Pesquisadora do Laboratório de Sistemas Avançados de Gestão da Produção (Sage/Coppe/UFRJ).

a 6 kg por pessoa por ano nos países mais pobres e até 115 kg por pessoa por ano nos mais ricos.

Essa quantidade de comida desperdiçada daria para alimentar todas as pessoas que vivem em situação de severa desnutrição. Entretanto, o grande problema é a má distribuição dos alimentos. Normalmente, os países onde há maior desperdício de comida são os que possuem menos pessoas passando fome. Ou seja, vivemos em uma cultura de abundância e desperdício, onde a consciência de se consumir apenas o necessário não existe. Nós fomos educados para comprar, consumir e descartar, sem sentir a menor culpa por isso. E não faz muita diferença se jogamos fora um papelão, um plástico ou comida. Porém, a comida tem um valor realmente importante, pois é uma das necessidades básicas do ser humano para poder sobreviver — sem alimento, não existe vida!

O Brasil é o quarto produtor mundial de alimentos (Instituto Akatu, 2003), produzindo 25,7% a mais do que necessita para alimentar a sua população. De toda essa riqueza, grande parte é desperdiçada. Só na produção agrícola estima-se que 35% são descartados (Desafios do Desenvolvimento, 2007); isso corresponde a uma perda de quase 12 bilhões de reais. Ao longo da cadeia produtiva, essas perdas são ainda maiores: cerca de 61% da produção total de alimentos.

Além do problema da distribuição de comida e da fome, existe uma preocupação ambiental associada ao descarte de alimentos. Ao se descartar comida, estamos pensando também em descartar tudo aquilo que foi necessário para plantar um pé (de hortaliça, por exemplo) ou criar um animal! Toda a água, terra e outros elementos, como fertilizantes e adubo, que foram necessários para fazer crescer um pé de tomate, por exemplo, são elementos valiosos e escassos no planeta Terra. Se jogamos fora um tomate, também jogamos fora, de certa forma, aqueles recursos que foram utilizados lá na agricultura! Esse é um desperdício que não enxergamos diretamente, mas que existe. E qual a necessidade de plantar três vezes mais do que realmente estamos consumindo? Qual a necessidade de estar forçando o planeta em níveis altamente destruidores? Estamos desperdiçando água, solo e recursos à toa?

Mas não devemos jogar a culpa toda no consumidor final. Esses números apresentados anteriormente representam o descarte em todas as etapas por que o alimento passa desde o plantio até o consumo. Ou seja, estamos falando do descarte de alimentos na agricultura, na distribuição, na armazenagem, no varejo, nos mercados e feiras, e, finalmente, no consumidor final, que pode ser uma pessoa comprando, cozinhando e consumindo, ou também alguém que consome em uma lanchonete ou restaurante. Logo, o agricultor também desperdiça, os transportadores também desperdiçam, as centrais de varejo jogam alimentos no lixo todos os dias etc. Não podemos e não devemos culpar o consumidor final completamente, mas nós podemos agir de modo mais consciente e escolher alternativas que sejam, dentro de nosso campo de ação, a melhor solução possível para combater o desperdício. Cada um pode fazer sua parte!

Neste capítulo iremos discutir quais as problemáticas relacionadas com o desperdício de alimentos, quais ações nós podemos fazer para diminuir o desperdício, além de conhecer alguns programas e iniciativas que combatem o desperdício e a fome.

2. O que é desperdício?

No capítulo anterior, foram apresentados o conceito de resíduo sólido e o panorama dos resíduos sólidos no Brasil. Lembrando que, dos resíduos sólidos gerados nas residências brasileiras em 2012 (Abrelpe, 2012), aproximadamente, 51,4% eram orgânicos, cuja maior parte se refere aos restos de alimentos.

O resíduo alimentar é, então, uma fração dos resíduos sólidos que podemos achar nos domicílios, restaurantes e outros locais com serviços de alimentação, como shoppings, por exemplo. Mas também podemos achar nos supermercados, feiras livres e centrais de varejo (ex.: Ceasa), assim como na agricultura. O resíduo alimentar é um tipo de resíduo orgânico composto por restos de alimento, em qualquer etapa de seu ciclo de vida (plantio, produção, preparação, consumo). Logo, podemos achar resíduo de alimento "cru" ou "cozido".

Da mesma forma que se diferenciou o conceito entre *resíduo* e *rejeito* ao se falar de resíduos sólidos, podemos neste caso diferenciar entre resíduo alimentar *evitável* e *não evitável*. O resíduo alimentar evitável é toda forma de comida ainda própria para consumo, mas que é jogada fora. É evitável porque ainda poderia ser aproveitada com fins nutricionais. O resíduo alimentar não evitável é a parte do alimento que não é comestível e fica como rejeito, como: algumas sementes, cascas e caroços, assim como espinhas de peixe e ossos de animais. É importante salientar que essa diferenciação entre o que é evitável ou não é bastante atrelada a questões culturais, pois, em certos países, costuma-se aproveitar partes do alimento que são descartadas por outras culturas/países. O resíduo alimentar não evitável não seria considerado propriamente um desperdício. Entretanto, mesmo quando não temos como evitar seu descarte, os resíduos alimentares podem virar adubo ou ser transformados em óleos ou até produtos cosméticos, conforme visto no capítulo anterior.

Entendemos como desperdício a ação de não aproveitar alguma coisa da maneira como se deveria; falta de proveito, perda. Também pode ser entendido como uma despesa exagerada; um gasto excessivo ou esbanjamento. Então, entendemos como desperdício alimentar o não aproveitamento de um alimento como se deveria, ou seja, para nutrir ou alimentar pessoas e animais. Ao mesmo tempo, um desperdício alimentar nos leva a um desperdício monetário, por isso também chamamos uma despesa desnecessária.

Nos itens seguintes, entenderemos um pouco mais essa questão e veremos como podemos fazer para diminuir o desperdício alimentar e suas consequências. Inicialmente, serão apresentados os diferentes tipos de resíduo alimentar e os vínculos entre ele e o capítulo de resíduos sólidos, com os conceitos já aprendidos (seção 3). Na seção 4, apresentaremos o panorama e as problemáticas associadas ao desperdício de alimentos no viés ambiental, social e econômico. Em seguida, na seção 5, será listado um resumo de programas e iniciativas já existentes no Brasil e no Rio de Janeiro que combatem o desperdício e dos quais todos nós podemos nos beneficiar e contribuir. Por fim, apresentaremos diferentes sugestões para reduzir o desperdício nas nossas casas, junto com algumas dicas de reaproveitamento de alimentos (seção 6) e as considerações finais.

3. Resíduo alimentar e desperdício alimentar — relação com resíduos sólidos

Com os conceitos já vistos no capítulo anterior, de resíduos sólidos, podemos repassá-los brevemente para fazer uma relação entre esses e o resíduo alimentar.

Do ponto de vista de classificação do resíduo pela *composição química*, os resíduos alimentares são orgânicos. Isso não quer dizer que todo resíduo orgânico seja alimentar. Existem também os resíduos biológicos de tipo dejeto humano, ou, por exemplo, outros resíduos oriundos de plantas, mas que não são alimento (cascas de árvores).

Quanto à *fonte geradora*, os resíduos alimentares podem ter origem em quase todos os tipos de fonte: nos domicílios (resíduo domiciliar); em serviços de alimentação, hotelaria (resíduo comercial e industrial); em fábricas de produção e/ou manipulação de alimentos (resíduo comercial e industrial); em feiras livres (resíduos de limpeza urbana ou de varrição); em hospitais; ou até no campo, na agricultura (resíduos de fontes especiais). Dessa forma, os resíduos alimentares não são perigosos, pertencendo à Classe 2 de nível de *periculosidade*.

Além disso, devemos lembrar a ordem de prioridade do gerenciamento de resíduos, em que podemos especificar essas prioridades para o resíduo alimentar com alguns exemplos (figura 1).

Figura 1
Ordem de prioridade segundo a Política Nacional de Resíduos Sólidos

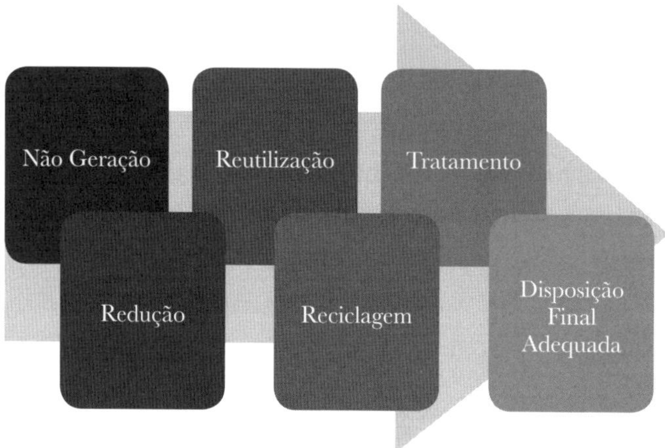

Fonte: Brasil (2010).

A não geração seria a prevenção do desperdício, começando por não jogar fora nenhum alimento. Isso pode ser feito, por exemplo, planejando bem as compras no mercado, colocando no prato a quantidade exata de comida que sabemos que vamos comer, ao invés de "comer com os olhos". A segunda prioridade é a redução. O desperdício pode ser reduzido ou diminuído se tentarmos planejar as refeições em casa com o que temos na geladeira, utilizando alimentos mais próximos da data de vencimento. A reutilização pode visar desde guardar restos de comida para a seguinte refeição até a doação de comida para outras pessoas ou até para alimentação animal. A seguir, a reciclagem pode ser considerada, do ponto de vista do alimento, um reaproveitamento. Não tem muita diferença, mas, na prática, é simplesmente transformar um alimento em outro. Por exemplo, cozinhar um alimento que não esteja com um aspecto tão atraente ou saboroso, mas ainda válido — como fruta muito madura —, transformando-o em sorvete ou geleia, ou seja, em um outro alimento que vai ser atrativo e ainda saciar nossas necessidades! O tratamento do resíduo alimentar, como é orgânico, pode ser compostado, se decompondo até virar adubo (uma terra muito rica em nutrientes e que pode ser aproveitada para dar vida a novas plantas). Por último, tem a disposição final adequada. No caso do resíduo alimentar, sempre é mais conveniente recuperar os nutrientes (compostagem) ou utilizar seu potencial para geração de energia (digestão anaeróbica para produção de biogás, por exemplo). A pior forma de descarte para o resíduo orgânico é o aterro, onde todo o valor nutricional dele é desperdiçado.

4. Panorama e problemática do desperdício

4.1 Panorama mundial

De acordo com a FAO (2011), um terço da comida produzida para consumo humano é jogado fora, o que representa 1,3 bilhão de toneladas de comida em apenas um ano. Isso representa também um monte de recursos, usados para produzir essa comida, jogados fora.

A comida é jogada fora ao longo de todo o seu ciclo de vida, desde a produção agrícola até o consumidor final. Em países de renda média e alta, a comida é mais desperdiçada no final da cadeia, ou seja, no consumidor final. Porém, em países de baixa renda, é mais desperdiçada no início da cadeia, ou seja, na produção e na distribuição.

Em média, os consumidores da Europa e América do Norte podem chegar a desperdiçar 95-115 kg de alimentos por ano, enquanto na África subsaariana e Sul/Sudeste Asiático, a média é de apenas de 6-11 kg/ano.

4.2 Panorama no Brasil

O Brasil é o quarto produtor mundial de alimentos (Instituto Akatu, 2003), produzindo 25,7% a mais do que necessita para alimentar a sua população. De toda essa riqueza, grande parte é desperdiçada. Só na produção agrícola estima-se que 35% são descartados (Desafios do Desenvolvimento, 2007). Mas, ao longo da cadeia produtiva do alimento, as perdas representam 61% da produção de alimentos. Isso representa um total de 39 mil toneladas de comida, convertidas em lixo, por dia. Essa quantidade poderia alimentar 19 milhões de pessoas, considerando as três refeições diárias básicas. No bolso, representa uma perda de R$ 12 bilhões anuais, ou o equivalente a 1,4% do PIB brasileiro.[1] Já nas centrais de abastecimento e armazenagem de alimentos, como a Ceasa, chega-se a perder um 1% do que é vendido no dia. Isso pode parecer pouco, mas em São Paulo, que é o maior mercado da América Latina, representa mais de 100 toneladas de alimento descartadas por dia. Na ponta da cadeia, ou seja, no consumidor final, estima-se que uma família média brasileira desperdiça, em casa, 20% dos alimentos que compra na semana.

Mesmo assim, o Brasil é o sexto país do mundo no *ranking* da desnutrição, com milhares de pessoas em situação de insegurança alimentar (Edington et al., 2013). O Brasil tem 21,7 milhões de indigentes, 60 milhões de pessoas na linha da pobreza e 72 milhões de pessoas que vivem em insegurança alimentar, ou seja, 39,8% da população.

Segundo a Oxfam,[2] um dos fatores influentes na perda de alimentos é o número de etapas que existe entre a colheita e o prato do consumidor, de modo que a redução do número de etapas gera a redução do desperdício. Então, a solução está no planejamento desde o plantio, passando pela logística, até o consumo final (Edington et al., 2013).

A figura 2 mostra as etapas da cadeia do alimento, e em cada uma dessas etapas ocorrem perdas. No Brasil, essas perdas são:

— 20% no plantio, colheita e manuseio;

— 8% no transporte e armazenamento: aqui ocorrem 8% de perdas e o valor é cerca de 3,1 mil toneladas/dia;

[1] Banco de alimentos. 2009. Disponível em: <www.unicamp.br/nepa/downloads/ONG_Banco_de_Alimentos.pdf>.

[2] A Oxfam International (Comitê de Oxford de Combate à Fome) é uma confederação de 17 organizações e mais de 3 mil parceiros, que atua em mais de 100 países na busca de soluções para o problema da pobreza e da injustiça, por meio de campanhas, programas de desenvolvimento e ações emergenciais.

— Transformação na indústria ou processamento: aqui ocorrem 15% de perdas;
— Varejo, supermercados e restaurantes, perda de 390 toneladas ao dia;
— Consumo final: os consumidores desperdiçam cerca de 20% daquilo que é comprado para o consumo em casa.

Figura 2
Etapas da cadeia do alimento

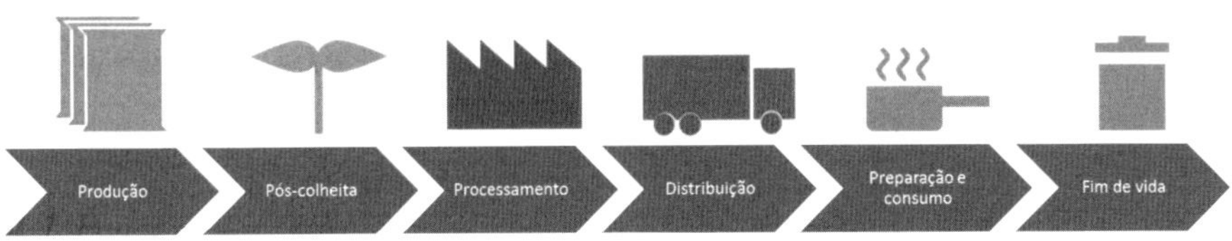

4.3 Causas e consequências do desperdício[3]

Todos nós temos consciência de que o desperdício alimentar é um problema. Certas imagens de enormes quantidades de comida no lixo podem nos causar incômodo. Mas quais as causas do desperdício? Quais as reais consequências e por que é realmente um problema? A seguir, veremos algumas das causas e as consequências ambientais, sanitárias, sociais e econômicas que o desperdício traz.

4.3.1 Causas[4]

O desperdício de alimentos ocorre ao longo de toda a cadeia do alimento. Então, podemos diferenciar os fatores que o causam em cada uma das suas etapas.

[3] Extraído de Casali (2013).

[4] Extraído de FAO (2011).

Figura 2 (Etapas da cadeia do alimento). Produção: quando a oferta excede a demanda, existe desperdício. Isso acontece para garantir as quantidades acordadas com os distribuidores e, também, para poder lidar com eventos climáticos inesperados (ex.: excesso de chuva ou seca) ou ataques de pragas. Outra causa pode ser a colheita antes da hora certa, caso haja escassez e os agricultores dependerem dessa safra. Nesse caso, existe uma perda econômica e no valor nutricional do alimento que, muitas vezes, acaba tendo o consumo impróprio.

— Pós-colheita e armazenagem: algumas instalações, sistemas de transporte, armazenagem, refrigeração e mercados carecem de boa infraestrutura para armazenar os alimentos ao longo do seu caminho. Isso faz com que muitos alimentos estraguem antes de chegar no seu local de distribuição e venda, sobretudo em climas quentes como o nosso!

— Distribuição e venda: devido aos altos padrões de qualidade e "beleza" dos alimentos frescos, muitos supermercados acabam desperdiçando já antes de comprar para o fornecedor, filtrando aqueles produtos "feios" que não cumprem esse padrão. Outras vezes, esse produto acaba ficando nas prateleiras do supermercado. Outras causas do desperdício são a falta de higiene e condições de segurança e saúde para que os produtos fiquem frescos e se mantenham dentro dos parâmetros estabelecidos como próprios para consumo. Muitas vezes, se tem o pensamento de que "jogar fora" sai mais barato do que usar ou reutilizar.

— Consumidor: a cultura da abundância para manter certo nível de *status* social nos leva a desperdiçar aquilo que sobra. Isso ocorre em países ricos, até porque se tem a cultura de que se pode comprar tudo aquilo que se deseja, e em países em desenvolvimento, como o Brasil, onde a cultura da ostentação/abundância também existe. Basta observar as ofertas do supermercado de "compre um e leve outro de graça"! Os restaurantes a quilo induzem a consumir mais do que o necessário, do mesmo jeito que os rodízios.

4.3.2 Consequências ambientais

O desperdício de alimentos ao longo de sua cadeia alimentar tem consequências ambientais. Reduzir o desperdício traria um duplo benefício para o ambiente: de um lado, diminuiria a quantidade de resíduos a serem transportados e eliminados; de outro, evitaria exaurir, sem necessidade, os recursos limitados do planeta para produção de alimentos que depois acabam indo para o lixo. Os principais impactos ambientais ligados à crescente produção e gestão do desperdício de alimentos são:

— aumento do efeito estufa, ligado ao transporte e à eliminação de resíduos;
— aumento da quantidade de resíduos gerada e, consequentemente, necessidade de novos aterros, usinas incineradoras ou centrais de compostagem;
— emissões de poluentes ligados ao transporte de resíduos;
— maior risco de contaminação do terreno e uso indevido do solo;
— aumento do consumo de água (para cada quilo de hortifrutícolas produzido, são necessários 700 litros de água!).

No estudo que a FAO fez em 2013, foi estimado o impacto ambiental causado pelo 1,3 bilhão de toneladas de comida desperdiçada por ano no mundo. Isso representa:

— 3,3 bilhões de toneladas de CO_2 emitidas no ambiente por ano. Como interpretar esse dado? Bem, se o desperdício fosse um país, seria o terceiro país com mais emissões de gases de efeito estufa, seguido da China e dos Estados Unidos!
— A água que se usou para gerar a quantidade de comida desperdiçada é de 250 km^3, ou seja, a de três vezes o volume do lago de Genebra na Suíça.
— O solo usado para plantar essa comida desperdiçada é de aproximadamente 30% do total do solo agrícola mundial, isto é, 1,4 bilhão de hectares.

4.3.3 Consequências sanitárias

Os resíduos de alimentos representam uma perda importante de nutrientes que poderiam proporcionar a ingestão calórica ideal para quem não ingere calorias suficientes. No que diz respeito aos lares, o que mais se joga fora são talos, cascas e folhas de frutas, verduras e legumes, que são verdadeiras fontes concentradas de vitaminas, fibras e substâncias protetoras do organismo. Para utilizar essas partes descartadas de forma segura, é importante escolher produtos orgânicos, cultivados sem agrotóxicos, ou lavar bem esses produtos, caso não forem orgânicos.

4.3.4 Consequências econômicas

Os resíduos alimentares representam cerca de 25% do alimento adquirido e 8% dos gastos totais de uma família. No Brasil, isso corresponde a um gasto familiar de 140 reais por mês. A maior quantidade de resíduos domésticos vem dos produtos de hortifruti. Entre as hortaliças, o desperdício chega a 50%. Assim, aprender a utilizar todas as partes comestíveis dos alimentos, mesmo as mais fibrosas e menos nobres, permite dobrar o rendimento dos produtos e, portanto, economizar nas compras. O percentual de economia vai variar em função da quantidade de alimentos que costumamos ingerir. Também devemos escolher produtos frescos, não processados, pois, além de eles serem mais econômicos, produzem menos resíduos em forma de embalagens.

4.3.5 Consequências sociais

Transformar os resíduos de alimentos em riqueza pode trazer benefícios sociais e favorecer o aparecimento de iniciativas solidárias que melhorem as condições de vida das pessoas. Para isso, é importante que os resíduos de alimentos sejam gerenciados em nível local. Algumas organizações do terceiro setor se dedicam a isso, e esse ponto será discutido na próxima seção. Felizmente, essas iniciativas crescem a cada dia e têm permitido o reaproveitamento de resíduos, pelo menos em nível local, enquanto não surgem políticas mais estruturadas em nível nacional.

5. Programas e iniciativas no Brasil e no Rio de Janeiro

Existem iniciativas no Brasil para diminuir o desperdício e aproveitar os alimentos para os que precisam de comida, como alguns bancos de alimentos, educação sobre aproveitamento integral de alimentos, entre outras iniciativas. A seguir, são apresentadas algumas dessas iniciativas, dando ênfase às que se encontram no Rio de Janeiro.

— Banco de Alimentos da Ceasa: no Rio de Janeiro existe um programa Banco de Alimentos sustentado pela Ceasa, que foi inaugurado em 2011, para combater o desperdício alimentar dentro da Unidade Grande Rio, uma das maiores de América Latina. O Banco de Alimentos é um órgão de mobilização social que funciona como uma central de arrecadação, processamento e distribuição de alimentos que não estão em condições ideais de comercialização, mas que estão em perfeitas condições para consumo. Esses produtos são doados por produtores e comerciantes, e passam por um processo de seleção e processamento, quando necessário. Em 2014, o projeto se expandiu e foi levado para todas as outras cinco unidades da Ceasa no estado do Rio de Janeiro. Atualmente, mais de 120 instituições são cadastradas, além de nove comunidades pacificadas no Rio de Janeiro. Ao todo, mais de 20 mil pessoas são beneficiadas pelo programa.

— Mesa Brasil (Sesc): rede nacional de bancos de alimentos contra a fome e o desperdício. Seu objetivo é contribuir para a promoção da cidadania e a melhoria da qualidade de vida de pessoas em situação de pobreza, em uma perspectiva de inclusão social. Trata-se essencialmente de um programa de segurança alimentar e nutricional, baseado em ações educativas e de distribuição de alimentos excedentes ou fora dos padrões de comercialização, mas que ainda podem ser consumidos. Existe um Banco de Alimentos no Sesc Rio, em Madureira.

— Programa Sesi Cozinha Brasil: uma alimentação saudável, com receitas fáceis, nutritivas e de baixo custo. É isso o que o Programa Sesi Cozinha Brasil oferece à população mato-grossense, por meio de cursos de educação alimentar que ensinam o preparo dos alimentos de forma inteligente e sem desperdício. Aproveitando todas as partes dos alimentos, inclusive o que normalmente é descartado como caule, talos, cascas, folhas e sementes, os profissionais do Sesi ensinam receitas saborosas, respeitando as diversidades de cada local. Além disso, o curso oferece ainda noções de higiene alimentar, economia doméstica, elaboração de cardápios equilibrados, entre outros temas.

— Favela Orgânica: esse projeto nasceu em 2011 nas comunidades da Babilônia e Chapéu Mangueira, na Zona Sul do Rio de Janeiro. Surgiu com o objetivo de ensinar moradores da região a aproveitarem os alimentos em sua totalidade e já levou suas oficinas para outros estados do Brasil (Pernambuco, Paraíba, Ceará, Minas Gerais e São Paulo). Buscando conscientizar sobre cada etapa do ciclo da alimentação (planejamento das compras, consumo, preparo e descarte do alimento), o projeto espera criar hábitos e práticas alimentares responsáveis com o meio ambiente e saudáveis para a comunidade. Dessa forma, os participantes aprendem a valorizar cascas, talos e sementes, que são geralmente descartados, como ingredientes e fontes de nutrientes. Enriquecem sua cultura alimentar ao descobrir novos paladares, ao aumentar a qualidade de sua alimentação e ao incorporar novos pratos a seus cotidianos. O Favela Orgânica traz também uma mudança na cultura de consumo e desperdício: compra-se menos e gera-se mais comida com a mesma quantidade de alimentos quando eles são aproveitados integralmente. A comida descartada passa a ser vista como matéria-prima para a produção de adubo e não mais como lixo.

— ONG Banco de Alimentos: localizada em São Paulo e fundada em 1998 a partir da iniciativa civil e pioneira da economista Luciana C. Quintão, a ONG Banco de Alimentos é uma associação civil que atua com o objetivo de minimizar os efeitos da fome e combater o desperdício de alimentos, permitindo que um maior número de pessoas tenha acesso a alimentos básicos e de qualidade — e em quantidade suficiente — para uma alimentação saudável e equilibrada. Os alimentos distribuídos são excedentes de comercializações, perfeitos para o consumo. A distribuição possibilita a complementação alimentar a todas as pessoas assistidas pelas 42 instituições cadastradas no projeto, ou seja, mais de 21 mil pessoas.

— O Senac oferece cursos também especializados em aproveitamento integral dos alimentos.

— Fruta Imperfeita: é a primeira iniciativa desse tipo no Brasil. A Europa já começou a valorizar as frutas e legumes "feios". Esse projeto, que por enquanto só está presente em uma região de São Paulo, trabalha em parceria com os produtores buscando aproveitar as frutas e os legumes que são rejeitados pelos grandes supermercados. Eles entregam cestas dessas frutas a um preço reduzido para os sócios e clientes.

— *Food truck* solidário *Feed Truck*: A agência *Africa Rio*, em parceria com a ONG Make Them Smile e a Truckvan criaram o projeto *Feed Truck*, com o objetivo de reaproveitar os alimentos que seriam jogados no lixo e entregá-los a quem mais precisa. O projeto uniu a tendência dos *food trucks* com uma causa nobre: alimentar quem tem fome. A equipe recolhe os alimentos que seriam jogados fora e *chefs* voluntários preparam refeições para moradores de rua dentro do *food truck*. As "quentinhas" são entregues nas ruas do Rio de Janeiro e aproximadamente 2 mil refeições já foram distribuídas com mais de uma tonelada de sobras de alimentos.

6. Sugestões para diminuir o desperdício em casa[5]

Como podemos contribuir para diminuir o desperdício? Não somente na nossa casa, mas fazendo as escolhas certas no supermercado ou no restau-

[5] Extraído de Casali (2013).

rante, podemos contribuir com a redução do desperdício de alimentos em outras partes da cadeia alimentar. Seguem algumas dicas úteis que você pode aplicar no seu dia a dia. Conscientize-se!

— *Escolher os ingredientes*: o consumo de produtos orgânicos, ou sem agrotóxicos, é o mais importante quando se utiliza resíduos de frutas, verduras e legumes. De fato, nas folhas e na casca fica concentrada a maior parte dos pesticidas, herbicidas e fertilizantes nas hortaliças convencionais. E o Brasil é, infelizmente, o país com maior uso de fertilizantes na agricultura no mundo. Se não tiver acesso a produtos orgânicos, deixe de molho suas hortaliças e legumes em água com bicarbonato de sódio e vinagre durante uma hora. Sempre que puder, compre de fornecedores locais, dos quais você conheça a origem. Quanto maior o produtor e maior a cadeia do alimento, mais poluente é e com maiores danos ao meio ambiente, acarretando mais perdas acumuladas! Uma alternativa legal pode ser ter uma hortinha pequena em casa: enriquecerá seu lar de novos sabores, usará produto fresco na hora, e pode servir também como uma pequena brincadeira para conscientizar as crianças!

— *Comprar e cozinhar o suficiente*: se existe uma caraterística cultural na cozinha brasileira, é que compramos mais do que conseguimos consumir, e também exageramos nas porções. Quantas vezes jogamos fora a comida que estragou na geladeira ou sobras de arroz e feijão? Os preços baixos e as ofertas nos incentivam a comprar mais quantidade, mas devemos refletir se precisamos disso naquele momento. Uma estratégia é fazer um planejamento de compra semanal, escrevendo em uma lista os itens necessários, não se deixando levar no supermercado, comprando coisas atraentes que ficam fora do planejado. Desse jeito, conseguiremos até economizar! Na hora de cozinhar, é a mesma coisa. Como corrigir o problema das porções? Sirva a comida diretamente no prato, não coloque enormes travessas de comida na mesa. Uma porção de comida, para um adulto, está em torno de 500 g por refeição, que é o tamanho de um prato.

— *Conservar bem os alimentos*: a maioria dos produtos requer um ambiente fresco e seco. A temperatura, a luz e o tipo de recipiente são fatores cruciais. As conservas e azeites se degradam com a luz direta. Use recipientes herméticos ou filme de PVC para conservar melhor seus alimentos. A embalagem a vácuo ainda duplica o tempo de validade de alguns produtos! Há outros métodos para conservar alimentos: você sabia que os tubérculos se conservam bem na areia? Eles nasceram na terra e na terra é onde se conservam melhor! Outro sistema de conservação bem antigo é o sal. Recobrir com sal ou mergulhar em salmoura conserva hortaliças, carnes e peixes. Isso impede o desenvolvimento de microrganismos. A fruta, em forma de calda, se conserva bem no açúcar ou no mel. Outros produtos se conservam bem no óleo, vinagre ou álcool. Além desses elementos que ajudam a conservar, existem técnicas, como a defumação e a secagem de alimentos, que prolongam a validade deles. Além da geladeira e do *freezer*, obviamente!

— *Entender as datas de validade*: é muito importante interpretar corretamente as datas de validade e, ao mesmo tempo, avaliar a qualidade e a possibilidade de consumi-los com segurança antes de decidir jogá-los fora ou não. O fato é que desaprendemos a confiar em nossos sentidos e, com frequência, jogamos fora alimentos apenas porque a data recomendada para consumo expirou. É importante fazer distinção entre duas datas diferentes encontradas nos produtos: "consumir até..." e "consumir de preferência antes de...". Enquanto o primeiro se refere à segurança alimentar do produto, e com certeza é necessário respeitá-lo, o segundo se refere à qualidade e às características organolépticas. Portanto, no segundo caso, o produto ainda pode ser consumido mesmo passada a data de validade.

— *Reciclagem das sobras*: cozinhar quantidades menores e usar uma balança são boas práticas que evitam a produção de grandes quantidades de resíduo. Nem sempre, porém, é possível evitar a produção de resíduos; nesses casos, é importante conservar os alimentos na geladeira para evitar que fermentem em contato com o ar. Por outro lado, se não queremos levar à mesa o mesmo prato, podemos recorrer a uma infinidade de receitas que aproveitam sobras. Com certeza já conhecem algum prato clássico cujos ingredientes principais são sobras de arroz, de massa cozida, carne ou peixe (croquetes, bolinhos), pão adormecido, entre outros.

— *Utilização de resíduos*: as frutas, verduras, legumes, raízes e tubérculos são os produtos que geram o maior percentual de resíduo. Por esse motivo, é importante conhecer as partes desses produtos que são comestíveis e como aproveitá-las. A tabela 1 mostra o percentual de "resíduo" comestível de alguns desses produtos, o percentual de resíduo que eles representam e algumas sugestões de utilização na cozinha.

Tabela 1
Resíduo comestível de frutas e legumes com sugestão para aproveitamento na cozinha

Alimento	Resíduo comestível	Percentual de resíduo comestível	Sugestão de uso
Batata	Casca	14%	Chips ou bolinhos de casca de batata
Beterraba	Casca e folhas	15%	Refogar os restos, bater no liquidificador e fazer massa ou pão
Cebola	Casca	28%	Fazer um chá com camomila e a casca de cebola para descoloração de cabelo
Cenoura	Casca e folhas	25%	Casca: pode-se usar normalmente crua e cozida. Folhas: usar para molho pesto, refogados
Pepino	Casca	23%	Pode-se usar normalmente crua, se bem lavada
Rabanete	Folhas	26%	Caldos e sopas. Pode substituir a folha de espinafre
Repolho e couve	Caule e folhas externas	37%	*Risotto*, lasanha de legumes, creme de legumes
Aipo	Folhas e pontas	38%	Cozinhar em caldos e cremes. Cru: sucos e vitaminas, sorvete

(continua)

Alimento	Resíduo comestível	Percentual de resíduo comestível	Sugestão de uso
Abóbora	Casca, fibras que envolvem as sementes e sementes	52%	Chips da casca, refogada serve para *muffin*, bolo ou massa para pão
Alho-poró e cebolinha	Partes verdes	60%	Bolinhos, *risotto*, suflê (sempre cozinhado)
Brócolis	Folhas e talos	51%	*Risotto*, lasanha de legumes, creme de legumes
Cítricos	Casca	47%	Bolo de limão, bolo de laranja
Couve-flor	Caule e folhas	48%	*Risotto*, lasanha de legumes, creme de legumes
Leguminosas	Vagens	68%	Cortadas em fatias ou processadas, podem ser usadas cruas ou refogadas para saladas, molhos ou croquetes
Maçã e pera	Casca e miolo	41%	Casca: bolos, chips. Miolo: chá. Junto: geleia, compota
Melancia	Casca e semente	53%	Casca: ralar e refogar (ela não tem gosto, tem que temperar)
Tomate	Pele, líquido desperdiçado no corte, semente	43%	Recuperar os restos para fazer um molho de tomate caseiro

7. Considerações finais

Reduzir o desperdício de alimentos não deveria ser apenas uma prioridade dos governos e das empresas, mas também um ato de cidadania de cada pessoa, em sua relação com o meio ambiente, com a sociedade e com as pessoas que passam fome. Evitar o desperdício significa reduzir os excessos, comer quantidades satisfatórias, levar uma vida saudável e sustentável. Devemos nos lembrar de que, ao reduzirmos o desperdício alimentar, estamos trazendo consequências benéficas perceptíveis no nosso dia a dia.

Referências

ABRELPE. Associação Brasileira de Empresas de Limpeza Pública e Resíduos Especiais. *Panorama dos resíduos sólidos no Brasil*. São Paulo, 2012. Disponível em: <http://a3p.jbrj.gov.br/pdf/ABRELPE%20%20Panorama2012.pdf>.

BANCO DE ALIMENTOS. 2009. Disponível em: <www.unicamp.br/nepa/downloads/ONG_Banco_de_Alimentos.pdf>.

BRASIL. *Lei nº 12.305, de 2 de agosto de 2010*. Disponível em: <www.planalto.gov.br/ccivil_03/_ato2007-2010/2010/lei/l12305.htm>.

CASALI, L. *Cozinhando sem desperdício*: receitas sustentáveis para o gourmet consciente. Tradução de Paola Morsello. São Paulo: Alaúde, 2013. [Título original: *Ecocucina*: azzerare gli sprechi, risparmiare ed essere felici].

DESAFIOS DO DESENVOLVIMENTO. Instituto de Pesquisa Econômica Aplicada, Secretaria de Assuntos Estratégicos da Presidência da República. 2007.

EDINGTON, I. et al. *Do campo à cidade*: soluções para o desperdício de alimentos. Salvador: Portal EcoD, 2013.

FAO. *Food wastage footprint*. Impacts on natural resources. Summary Report. FAO, 2013.

____. *Global food losses and food waste*. Extent, causes and prevention. Roma: FAO, 2011.

INSTITUTO AKATU. *A nutrição e o consumo consciente*. Pinheiros: Instituto Akatu, 2012.

____. *O Fome Zero e o consumo consciente de alimentos*. São Paulo: Instituto Akatu, 2003.

Capítulo 5 | Elaboração de projetos

Anderson Felisberto Dias[*]
Fernando Guilherme Tenório[**]
Thais Soares Kronemberg[***]

APÓS CONHECER OS CONTEÚDOS PERTINENTES AO TEMA da sustentabilidade ambiental trabalhado nos capítulos anteriores — introdução aos problemas ambientais, ciclo de vida de produtos, resíduos sólidos, desperdício alimentar —, daremos início ao aprendizado sobre um projeto comunitário.

Convidamos todos os leitores a exercerem uma reflexão desses conteúdos no seu bairro, distrito, município, estado e até mesmo país. Quais são os

* Mestre em administração pela Universidade Federal de Santa Catarina (UFSC). Pesquisador do Programa de Estudos em Gestão Social (Pegs) da FGV/EBAPE.
** Professor titular da FGV/EBAPE. Coordenador do Programa de Estudos em Gestão Social (Pegs) da FGV/EBAPE.
*** Doutora em ciências pelo Programa de Pós-graduação em Ciência, Tecnologia e Inovação em Agropecuária (PPGCTIA) da Universidade Federal Rural do Rio de Janeiro (UFRRJ). Pesquisadora do Programa de Estudos em Gestão Social (Pegs) da FGV/EBAPE.

principais problemas ambientais que assolam sua comunidade? Como enfrentá-los? Qual solução é viável de ser implementada? Em quanto tempo?

Portanto, a questão central que norteia a redação deste texto é: como elaborar um projeto comunitário com ênfase em sustentabilidade ambiental? A resposta para tal pergunta estará em um roteiro que será apresentado e exemplificado ao longo deste capítulo.

Para tanto, iniciaremos com a definição de projeto, suas características, dimensões fundamentais e elementos que compõem sua estrutura. Destacaremos o papel da comunidade ao longo deste processo, ou seja, da construção coletiva, democrática, plural e inclusiva de todos os membros participantes sobre a definição de um problema ambiental que afeta toda a população local, bem como da construção de ações e estratégias que promovam o desenvolvimento sustentável.

Com base em autores citados ao longo do texto que já pesquisaram e redigiram sobre elaboração de projetos, apresentaremos de forma sucinta como deve ser construído cada elemento de um projeto: problema, objetivo, justificativa, beneficiários, metodologia de ação, metas, cronograma e orçamento.

A partir da definição de um roteiro para a elaboração de projetos pretendemos fomentar iniciativas locais em prol da sustentabilidade entendida em seu caráter multidimensional, além de contribuir com ações coletivas que, apropriadas pela comunidade, construam o bem viver.

1. Projeto: uma definição

Antes de começarmos a trabalhar e explicitar as principais fases que compõem um projeto, torna-se necessário defini-lo. O que é um projeto? Qual sua função e importância? O que o caracteriza?

Projeto é um conjunto de informações organizadas em função do tempo, do espaço e dos recursos, visando alcançar objetivos desejados (Tenório, 2008). Compreende a utilização coordenada de recursos humanos, financeiros e materiais dentro de um período de tempo para alcançar objetivos definidos. Elaborar um projeto, portanto, é visualizar e fomentar os recursos necessários ao desenvolvimento de um conjunto de atividades a serem executadas.[1]

Precisa ser detalhado e planejado com clareza, estar organizado em um conjunto de atividades contínuas e interligadas a serem implantadas, voltadas para um objetivo. E mais, precisa se inserir em um nível de maior especificidade, com prazo, verba e equipe bem definidos (Godoy e Duarte, 2005).

Um projeto também é um empreendimento planejado que consiste num conjunto de atividades inter-relacionadas e coordenadas para alcançar objetivos dentro de um prazo e recursos estipulados. É orientado para gerar resultados ou para prestar serviços específicos. Necessita de metas claras e datas de início e término que atendam aos requisitos explícitos (Xavier e Chueri, 2008).

Podemos destacar algumas características de um projeto:

- Uma organização transitória (tem começo e fim determinados);
- Visa a resolução de um problema específico;
- Compreende uma sequência de atividades;
- Requer a alocação de recursos humanos, materiais e financeiros;
- Diferem-se das rotinas operacionais da organização — compra de materiais, pagamento de contas etc. — que são *contínuas* e *repetitivas*.

Um projeto precisa conter objetivos claros e os produtos que resultarão deverão estar encadeados, de modo que o projeto tenha início, meio e fim determinados. Além disso, precisa conter objetivos claros, prever custos e recursos para alcançar sua finalidade.

Não existe um único modelo para a redação de um projeto. Dependerá a quem o projeto está sendo apresentado, já que muitas agências financiadoras possuem roteiro e formulários próprios, bem como exigências com respeito à documentação necessária a ser entregue (Campos, Abegão e Delamaro, 2002).

---

1 Disponível em: <http://aeri.uefs.br/wp-content/uploads/Orientacoes-para-Elaboracao-de-Projetos.pdf>. Acesso em: set. 2011.

Lembre-se que, ao elaborar um projeto, sua proposta precisa estar compreensível a quem lê o documento, não apenas em cada tópico abordado, mas nas suas inter-relações.

Elaborar um projeto social envolve um trabalho participativo, pois busca atender às necessidades de uma comunidade. Por comunidade entendemos um agrupamento de pessoas unidas por interesses comuns e que vivem em uma determinada área geográfica, seja agrária ou urbana (Tenório, 2008).

Cury (2001) nos ensina três dimensões fundamentais para o entendimento da elaboração de um projeto:

- *Processo lógico*: é necessário que seus conteúdos sejam precisos, sistemáticos, em um encadeamento racional de seus elementos e ações;
- *Processo comunicativo*: o documento do projeto deve ser o resultado de uma construção coletiva, criando na organização um consenso quanto a objetivos, ações e resultados. Externamente, é imprescindível que se possa confirmar sua importância e a necessidade de sua implementação;
- *Processo de cooperação e articulação*: não é possível trabalhar isolado; é preciso compartilhar, com o outro, ideias; desenvolver a capacidade do diálogo, da negociação e do trabalho conjunto.

O processo de elaboração de um projeto envolve a união e a organização de pessoas, com interesses comuns e uma finalidade. Com isso, o estabelecimento de parcerias entre instituições é fundamental para a complementação de atividades e enfoques que uma instituição isolada não teria como alcançar. A parceria refere-se à associação entre as organizações, com o objetivo de contar com o apoio recíproco ou obter benefícios (Godoy e Duarte, 2005).

2. Identificando o problema

Todo projeto social ou comunitário deve partir da necessidade de resolver um determinado problema de interesse coletivo. Portanto, a primeira coisa que precisa ser definida é o problema que será tratado pelo projeto. Normalmente, não estamos acostumados a nos preocuparmos em definirmos inicialmente qual o problema que pretendemos solucionar com o projeto. Isso dificulta a justificativa para a execução desse projeto e, consequentemente, torna árdua a tarefa de conseguir financiamento.

Na temática de elaboração de projetos comunitários, o problema é uma necessidade que tenha sido identificada na comunidade, uma dificuldade qualquer ou um obstáculo que precise ser transposto, sempre visando o bem comum da população atendida. Nesse sentido, o problema deve sempre corresponder a situações reais, deve ser baseado em dados estatísticos e argumentos sólidos. Não devemos criar projetos para resolução de problemas futuros ou imaginários.

Devemos ter alguns cuidados na formulação do problema para que ele seja apresentado de forma clara e sucinta. Portanto, devemos evitar o uso de expressões do tipo "e", "ou", "talvez", "provavelmente" etc.

Um problema deve ser redigido sempre na forma negativa. Por exemplo, o problema não é a *educação básica*, mas a *má qualidade da educação básica*. Da mesma forma, ele não deve expressar uma ausência de solução. Por exemplo, a falta de recursos para a formação continuada não seria um problema, mas sim a carência de professores qualificados.

Tomaremos como exemplo o caso de uma comunidade fictícia chamada Lagoa Grande em que se identificaram altos índices de desnutrição de crianças e adolescentes. Nesse caso, o problema a ser abordado pelo projeto seria, então, os *altos índices de desnutrição de crianças e adolescentes da comunidade Lagoa Grande*. Discutindo coletivamente com a comunidade e analisando os dados socioeconômicos da população local, percebeu-se que a origem dessa desnutrição está ligada à, entre outros fatores, renda média familiar insuficiente para a aquisição de alimentos adequados ao desenvolvimento nutricional das crianças e adolescentes.

A análise desse contexto faz parte de uma etapa que chamamos de *diagnóstico* do problema. É durante essa etapa que precisamos levantar informações que caracterizem o projeto de forma geral: dados sobre a realidade local (famílias residentes, perfil socioeconômico da população), características do local em que o projeto será realizado, instituições que poderão atuar como parceiras no projeto etc. Posteriormente, essas informações serão utilizadas na elaboração da justificativa do projeto, um dos elementos que compõem o documento final.

O contexto anteriormente relatado deixa clara a problemática que será abordada pelo projeto e permitirá traçar estratégias claras de enfrentamento do problema, dando origem ao objetivo do projeto, como será visto no próximo item.

3. Definindo o objetivo

Definido o problema, é preciso esclarecer de que forma ele será enfrentado, ou seja, o que de fato a comunidade pretende fazer para sua solução ou de que forma pretende amenizar seus impactos. A estratégia de enfrentamento do problema resulta na definição do objetivo do projeto. O objetivo também deve ser redigido de forma clara e sucinta. Ele deve expressar uma ação, portanto, usa verbos no infinitivo (capacitar, construir, elaborar, reformar etc.).

Retomando nosso exemplo, a comunidade concluiu que a melhor forma de contribuir para a diminuição da desnutrição de crianças e adolescentes da comunidade Lagoa Grande seria a construção de uma horta orgânica comunitária na escola local. Nesse sentido, a redação do objetivo seria: *Implantar um programa de nutrição escolar por meio da construção de uma horta orgânica comunitária na Escola Municipal Getúlio Vargas localizada na comunidade Lagoa Grande.*

4. Definindo os beneficiários

Os beneficiários são aqueles que, direta ou indiretamente, serão favorecidos com a implementação da proposta. Podem ser divididos em beneficiários diretos e indiretos. Os beneficiários diretos são aqueles que são favorecidos diretamente com a implantação do projeto, enquanto os beneficiários indiretos são aqueles que são favorecidos indiretamente com a implantação do projeto.

No exemplo da horta comunitária, que viemos discutindo até aqui, os beneficiários diretos são as crianças e adolescentes da comunidade, presentes em sua maioria na Escola Municipal e, no caso das crianças, na creche comunitária; já os beneficiários indiretos são jovens, adultos e todos aqueles que participarem da produção da horta, além dos seus dependentes, das famílias do entorno, da comunidade como um todo, do comércio local e do meio ambiente.

5. Definindo os parceiros

São aquelas pessoas/instituições que estão interessadas e podem contribuir na execução do projeto. A realização de parcerias entre as organizações facilita a implementação da proposta de trabalho e possibilita sua continuidade. E mais, permite a criação de novos projetos.

As redes que são formadas pelo vínculo entre as organizações constituem um meio capaz de articular pessoas e grupos em torno de objetivos comuns de forma democrática. Devem possuir uma estrutura horizontal, não hierárquica, ser abertas e dinâmicas.

Podemos elaborar um mapeamento/fluxograma com a finalidade de organizar e melhor visualizar as diversas organizações com as quais sua equipe pode tecer articulações e constituir uma rede de relações.

Veja o exemplo seguinte.

Exemplo de mapeamento/fluxograma

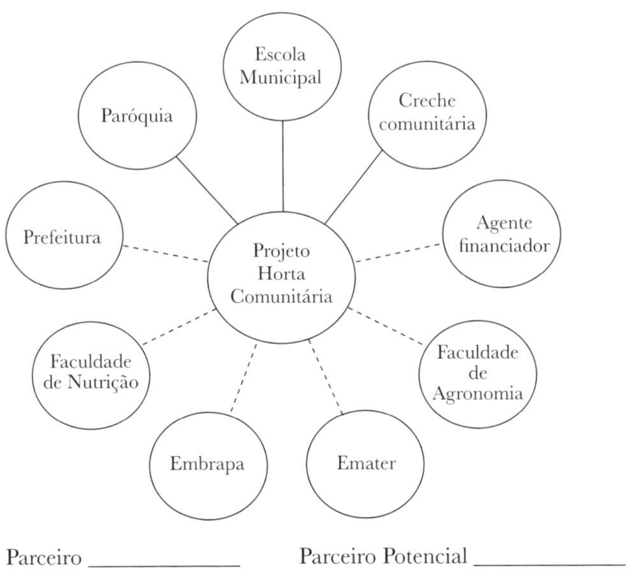

6. Justificativa

A justificativa demonstra a importância do projeto na superação do problema que será abordado.

Por que fazer?

É aqui que apresentaremos os argumentos e articularemos as considerações sobre as necessidades que justificam a existência do projeto.[2] Para isso, descreveremos as razões pelas quais o projeto precisa ser realizado.

Em resumo: é a defesa do projeto!

6.1 Exemplo de justificativa

A desnutrição representa importante preocupação para as políticas de segurança alimentar. Ela pode refletir em déficit de crescimento e déficit de peso em relação à altura (forma considerada mais grave). A última Pesquisa Nacional de Demografia e Saúde da Criança e da Mulher (PNDS 2006) indicou que, por motivos nutricionais, 6,8% das crianças brasileiras menores de cinco anos apresentavam déficit de crescimento para a idade e 1,6%, déficit de peso para a altura. Dados mais recentes do Sistema Único de Saúde (SUS) de 2008 revelam uma redução da taxa de desnutrição em crianças menores de cinco anos para 4,8%. Esse percentual representa um contingente de cerca de 1,1 milhão de crianças.

Há uma estreita relação entre escolaridade da mãe e desnutrição. Quanto mais anos de estudo tem a mãe, menos a criança é afetada pelo déficit de crescimento por motivos nutricionais. Cerca de 16% dos filhos das mães sem escolaridade são desnutridos, enquanto apenas 2% das crianças cujas mães estudaram mais de 12 anos apresentam esse problema (PNDS 2006).

Nesse contexto, a preocupação com a segurança alimentar das crianças e adolescentes de baixa renda da comunidade de Lagoa Grande se

[2] Disponível em: <www.coepbrasil.org.br> em formato PDF. Acesso em: set. 2011.

justifica em virtude dos efeitos causados por um quadro nutricional desfavorável. Dados do posto de saúde local revelam que há uma estimativa de que 6% das crianças residentes apresentam déficit de crescimento ou déficit de peso em relação à altura, portanto, acima da média nacional.

A implantação de um programa de nutrição escolar por meio da construção de uma horta orgânica comunitária que disponibilize uma alimentação balanceada às crianças e adolescentes contribuirá para a diminuição desses índices de desnutrição.

Além disso, a crescente preocupação ambiental e dos impactos nocivos da utilização de agrotóxicos na produção agrícola, não só para a saúde como também para o meio ambiente, configura-se como importante argumento para esse projeto.

7. Metodologia-ação

Como fazer?

A metodologia é o caminho que sua organização seguirá para alcançar os objetivos. Portanto, deve-se apresentar como o projeto será implementado, quem são os atores envolvidos e qual o nível de participação e responsabilidades de cada um deles.

A descrição da metodologia tem como propósito uma orientação sobre os procedimentos adotados para a realização das ações. Descreve os procedimentos técnicos e os meios necessários para a execução das atividades.[3]

7.1 Exemplo de metodologia-ação

O projeto será realizado por um grupo de 10 pessoas da Associação Comunitária de Lagoa Grande (ACLG). A metodologia adotada tem na participação

[3] Disponível em: <www.coepbrasil.org.br> em formato PDF. Acesso em: set. 2011.

o elemento-chave para o desenvolvimento do projeto, tanto por parte dos membros da equipe como dos colaboradores e da população do entorno.

A construção da horta será feita em um espaço cedido pela Escola Municipal Getúlio Vargas localizada no bairro. O terreno tem metragem de 50m × 29,4m. Um terreno de solo fértil e terra preta.

A horta terá como foco a alimentação de crianças e adolescentes do bairro e sua produção será distribuída na escola e na creche comunitária com a finalidade de inserção desses alimentos na refeição do público infantojuvenil.

Sua construção e manutenção serão realizadas com o apoio de jovens e adultos do bairro por meio da capacitação de técnicas de plantio, uso e conservação do solo. Tal capacitação ocorrerá por meio de oficinas e grupos de trabalho, e também será elaborada uma cartilha sobre técnicas de agricultura comunitária.

A parceria com a escola municipal e com a creche comunitária do bairro será fundamental para a mobilização da população na construção e manutenção da horta, e também na divulgação de materiais instrutivos sobre agricultura comunitária.

Além disso, a participação das merendeiras da creche e da escola será essencial no preparo de alimentos saudáveis e na inserção desses alimentos no cardápio de refeições da escola. Para isso, serão realizados grupos de trabalho e oficinas e elaborados materiais didáticos sobre receitas com alimentos orgânicos.

Torna-se, ainda, necessária a realização de palestras, a fim de sensibilizar e mobilizar a população do entorno sobre os benefícios à saúde de uma alimentação com produtos orgânicos.

8. Metas

Como fazer para alcançar o objetivo?

As metas constituem os meios para alcançar o objetivo do projeto, ou seja, expressam ações que devem ser executadas para que o objetivo seja cumprido e determinam resultados parciais concretos prometidos pelo projeto. Para que sejam claras e reflitam resultados almejados, elas devem ser quantificáveis e mensuráveis, ou seja, devem expressar a quantidade de cada coisa e o quanto será feito (conter números). Metas bem definidas "facilitam a visualização dos caminhos escolhidos, contribuem para orientar as atividades que estão sendo desenvolvidas e servem como instrumento para avaliar o que foi previsto e o que foi realizado" (Godoy e Duarte, 2005:12). Elas devem ser redigidas com verbos no infinitivo, como nos exemplos a seguir.

Exemplo de metas

Objetivo

Implantar um programa de nutrição escolar por meio da construção de uma horta orgânica comunitária na Escola Municipal Getúlio Vargas localizada na comunidade Lagoa Grande.

Metas

1. Mobilizar 20 pessoas da comunidade escolar na construção e manutenção da horta;
2. Produzir 100 kg mensais de hortaliças;
3. Capacitar 40 alunos em técnicas de agricultura orgânica;
4. Capacitar 10 merendeiras para o preparo de alimentação saudável;
5. Capacitar 50% das mães para o preparo de alimentação saudável;
6. Reduzir em 60% o nível de desnutrição das crianças e jovens atendidos.

9. Cronograma de atividades

Quando e o que será feito?

Destacamos no início de nosso curso que um projeto é um conjunto de ações planejadas ao longo do tempo. As ações nele previstas devem ser programadas em uma sequência lógica e distribuídas ao longo de um período determinado. O instrumento mais adequado para visualizar esse conjunto de ações é o cronograma em que, de uma forma sucinta, pode-se: identificar em que momento cada ação deve ser executada, estimar em que momento os recursos precisarão ser alocados, visualizar ações que podem acontecer concomitantemente (ao mesmo tempo que outras também são realizadas) e, por fim e mais importante, verificar a relação de interdependência entre elas (Cury, 2001).

A construção do cronograma deve partir das metas traçadas no projeto. Para cada uma delas, devemos listar todas as atividades que devem ser feitas para que aquela meta seja alcançada. Devemos, portanto, relacionar uma sequência lógica de ações distribuídas no tempo. É importante ressaltar que elas devem expressar um "passo a passo", ou seja, devem detalhar ao máximo tudo que será feito para que a meta seja alcançada em uma ordem lógica.

O período de tempo deverá ser determinado a partir da duração do projeto (início e fim). Um projeto pode ter duração de seis meses, um ano, dois anos ou mais. A forma de ilustrar o tempo no cronograma, no entanto, deve seguir o bom senso e poderá ser em dias ou semanas (para projetos de curta duração), meses (para projetos de média duração) ou anos (para projetos de longa duração). Pode-se, ainda, conjugar anos e meses no mesmo cronograma de acordo com a necessidade.

Além de auxiliar no planejamento, o cronograma é útil no monitoramento das ações, na medida em que possibilita a verificação da execução das atividades ao longo do tempo, permitindo ajustes durante a implementação de modo a garantir que todas as ações serão executadas ao final do projeto. Vale lembrar que é importante alocar um período no cronograma para elaboração de relatórios de atividades e de prestação de contas do projeto.

METAS	ATIVIDADES	MESES											
Mobilizar 20 pessoas da comunidade escolar na construção e manutenção da horta	Elaboração de material de divulgação da palestra de mobilização	■											
	Distribuição do material de divulgação na creche e na escola	■											
	Realização de duas palestras de mobilização com comunidade escolar	■											
	Inserção dos temas segurança alimentar e agricultura orgânica na grade curricular da escola	■											
Produzir 100 kg mensais de hortaliças	Elaboração dos projetos dos canteiros		■										
	Definição das hortaliças que serão produzidas (tipo e quantidade)		■										
	Aquisição de ferramentas, sementes e adubos orgânicos		■										
	Construção de quatro canteiros		■										
	Preparo do solo e plantio		■	■	■	■	■	■	■	■	■	■	■
	Colheita e distribuição das hortaliças para a creche e a escola			■	■	■	■	■	■	■	■	■	■
Capacitar 40 alunos em técnicas de agricultura orgânica	Elaboração de material didático sobre agricultura orgânica	■											
	Realização de oficinas de capacitação sobre técnicas de agricultura orgânica			■	■	■	■	■	■	■	■	■	■
Capacitar 10 merendeiras no preparo de alimentação saudável	Elaboração de material didático sobre segurança alimentar e inserção das hortaliças no cardápio		■										
	Realização de oficinas de capacitação sobre segurança alimentar e preparo de receitas com hortaliças			■						■			
Capacitar 50% das mães para o preparo de alimentação saudável	Elaboração de material didático sobre segurança alimentar e inserção das hortaliças no cardápio		■										
	Inscrição do curso de capacitação para mães			■									
	Realização de oficinas de capacitação sobre segurança alimentar e preparo de receitas com hortaliças				■								
Reduzir em 60% o nível de desnutrição das crianças e jovens atendidos	Medição antropométrica	■		■		■		■		■			■
	Avaliação da evolução nutricional				■				■				■
Prestação de contas — Elaboração do relatório final												■	■

10. Orçamento

Quanto custa e quais são os recursos necessários?

Fazer um orçamento é pôr no papel as previsões sobre as *despesas* (gastos, custos, desembolsos) e *receitas* (ganhos, rendas, doações) que devem ocorrer durante o projeto, isto é, fazer uma previsão do montante de *recursos financeiros* (dinheiro) necessários à execução de todas as atividades planejadas no projeto.

O orçamento deve ter coerência com as metas e as atividades que serão desenvolvidas. Nele, as despesas devem ser descritas de forma adequada e agrupadas por tipo. Entendemos por despesas qualquer custo gerado a partir da aquisição de material, ou contratação de pessoas, ou serviços necessários à execução do projeto, ou seja, são compostas por tudo aquilo que gerar desembolso de dinheiro.

As receitas resultam, basicamente, de doações ou financiamentos já garantidos no momento da elaboração do orçamento e que serão deduzidos (diminuídos) do valor total do custo do projeto. Em alguns projetos, a venda de produtos ou serviços gerados por ele pode representar outra forma de receita (nesse caso uma renda) que poderá custear parte das despesas. Isso não é obrigatório, mas projetos que possam se tornar autossustentáveis ao longo do tempo costumam ser bem vistos por possíveis financiadores.

É importante que seja realizada uma descrição detalhada de todos os custos de modo que a previsão de despesas e receitas do projeto seja a mais realista possível, evitando dificuldades durante a execução do projeto em virtude de estimativas equivocadas sobre os recursos financeiros que serão necessários.

A primeira etapa da definição do orçamento é identificar todas as despesas que o projeto terá na sua execução. Assim como feito para o cronograma, a construção do orçamento deve partir das metas traçadas para o projeto. Para cada uma delas, pode-se listar todos os recursos materiais e humanos necessários para sua execução. Nesse momento é importante que seja feito um esforço de prever minuciosamente tudo aquilo que o projeto precisará para ser executado. Quanto maior for esse levantamento, mais realista será o orçamento.

Ao final dessa etapa de identificar o que será necessário para executar cada meta, parte-se para o agrupamento de todos os recursos listados em virtude da natureza da despesa. Ao contrário do cronograma que utilizava as metas para organizar as atividades, no orçamento elas servem somente para garantir que todos os recursos para sua execução serão orçados e não precisam, necessariamente, aparecer no orçamento.

O agrupamento das despesas por tipo pode seguir uma lógica própria do projeto ou se utilizar de nomenclaturas definidas pelo financiador, se for o caso. Podemos encontrar orçamentos que separam as despesas em recursos materiais (itens adquiridos para execução das atividades: equipamentos, softwares, ferramentas, material de consumo etc.) e recursos humanos (pessoas).

Os recursos materiais podem aparecer separados em material permanente (ou bens duráveis) e material de consumo. Os permanentes são aqueles que, uma vez adquiridos, perpassam todo o período do projeto ou têm a durabilidade superior, normalmente, a dois anos (equipamentos, softwares, veículos etc.). Já os de consumo são aqueles utilizados na produção dos produtos ou serviços gerados no projeto (material de escritório, de limpeza, matéria-prima para a produção de produtos ou serviços etc.).

Outras categorias normalmente utilizadas por financiadores são as que classificam as despesas em *custeio* (as necessárias à prestação de serviços e à manutenção da ação da administração do projeto como o pagamento de pessoal, de material de consumo e a contratação de serviços de terceiros) e *capital* (as realizadas com o propósito de formar e/ou adquirir ativos reais, abrangendo, entre outras ações, o planejamento e a execução de obras, a compra de instalações, equipamentos e material permanente). Conhecer essas nomenclaturas é importante, no entanto, o imprescindível é ter a capacidade de prever todas as despesas ou recursos necessários e agrupá-los de forma coerente no orçamento.

Descritas as despesas, passamos a identificar as receitas previstas para o projeto, ou seja, as doações já garantidas ou os recursos resultantes da venda de produtos ou serviços gerados no projeto. Normalmente, todo projeto já nasce com o apoio de alguma instituição (mesmo que seja a executora). É importante que tudo que for fornecido por um apoiador seja mensurado e incluído no orçamento como uma despesa e deduzido como uma receita proveniente de doação ou contrapartida, quando for um apoio dado pela própria executora do projeto.

A seguir, apresentamos um exemplo de orçamento para o projeto da horta comunitária.

Exemplo de orçamento

Discriminação	Unidade	Quantidade	Unitário (R$)	Total (R$)
DESPESAS				
1. Material de construção				
Tijolos	Milheiro	2	299,00	598,00
Areia	Metro	6	29,90	179,40
Pedra nº 1 (caminhão 8 m)	Metro	1	422,83	422,83
Cimento (60 kg)	Saca	50	12,75	637,50
Caixa d'água (1.000 l)	Peça	1	188,00	188,00
Vara de ferro ¼ (12 m G/belgo)	Peça	20	12,50	250,00
Arame Recozido Gerdau	Kg	6	5,95	35,70
Prego 17 × 27	Kg	6	5,90	35,40
Tábua 30 pinos c/ 30 m bruta	Peça	6	11,85	71,10
Conduíte ¾	Rolo	1	9,90	9,90
Fio rígido 2,5 mm (100 m)	Rolo	6	82,00	492,00
Tomada	Peça	4	5,40	21,60
Tubo 1/2	Peça	8	13,50	108,00
Torneira PVC (10 cm)	Peça	6	2,00	12,00
Fita veda-rosca (25 m)	Rolo	2	4,00	8,00
Fita isolante (10 m)	Rolo	2	4,40	8,80

(continua)

Discriminação	Unidade	Quantidade	Unitário (R$)	Total (R$)
DESPESAS				
Lâmpada 100 W 127 v	Peça	6	5,85	35,10
Caixa de luz laje isopor PVC	Peça	4	7,80	31,20
Total				**3.144,53**
2. Móveis				
Filtros	Peça	2	60,00	120,00
Mesas 2 × 0,80 m	Peça	2	120,00	240,00
Bancada 1,80 × 0,70 m	Peça	2	220,00	440,00
Total				**800,00**
3. Ferramentas e Utensílios				
Carrinho de mão	Peça	4	115,00	460,00
Ancinho	Peça	4	28,00	112,00
Pá	Peça	4	21,00	84,00
Enxada	Peça	4	16,00	64,00
Foice	Peça	4	18,00	72,00
Total				**792,00**
4. Material de apoio				
TV 29"	Peça	1	1.200,00	1.200,00
DVD	Peça	1	250,00	250,00
Total				**1.450,00**
5. Material Pedagógico				
Lápis	Peça	50	0,70	35,00
Caneta	Peça	50	0,95	47,50
Papel ofício	Peça	6	15,00	90,00
Grampeador	Peça	3	12,00	36,00
Grampo	Peça	5	4,00	20,00
Borracha	Peça	20	0,40	8,00
Apontador	Peça	10	0,80	8,00
Cola	Peça	10	4,00	40,00
Livro de ata e escrituração	Peça	4	12,00	48,00

(continua)

Discriminação	Unidade	Quantidade	Unitário (R$)	Total (R$)
DESPESAS				
Total				**332,50**
6. Material de limpeza				
Papel higiênico	Rolo	18	1,40	25,20
Detergente	Peça	20	0,90	18,00
Cloro	Litro	18	1,20	21,60
Sabão em pedra	Peça	8	2,80	22,40
Sabão em pó	Caixa	5	3,80	19,00
Esponja	Peça	24	0,98	23,52
Total				**129,72**
7. Despesa de pessoal				
Coordenador	12 meses	1	2.200,00	26.400,00
Auxiliar	12 meses	2	800,00	19.200,00
Capacitador	9 meses	1	980,00	8.820,00
Pedreiro	3 meses	1	2.300,00	6.900,00
Ajudante de pedreiro	3 meses	2	800,00	4.800,00
Jardineiro	9 meses	5	850,00	38.250,00
Técnico agrícola	12 meses	1	2.500,00	30.000,00
Nutricionista	12 meses	1	2.000,00	24.000,00
Total				**158.370,00**
8. Insumos para o plantio				
Adubo orgânico	Kg	10	20	200,00
Semente	Kg	50	3	150,00
Muda	Peça	100	1	100,00
Total				**450,00**
Total de Despesas				**165.568,75**
RECEITAS				
Escola Municipal Getúlio Vargas				5.700,00
Faculdade de Agronomia				15.000,00
Faculdade de Nutrição				24.000,00

(continua)

Discriminação	Unidade	Quantidade	Unitário (R$)	Total (R$)
RECEITAS				
Doações				
Igreja Nossa Senhora da Imaculada Conceição				2.000,00
Oliveira Material de Construção				1.235,50
Total das Receitas				**47.935,50**

11. Considerações finais

O capítulo teve como principal objetivo apresentar um roteiro para a elaboração de um projeto social com ênfase em sustentabilidade ambiental. Adotou-se como exemplo a construção de uma horta orgânica comunitária cuja finalidade consistiu em contribuir com a alimentação e a nutrição escolar de uma determinada comunidade.

Outros temas que foram abordados ao longo deste livro também podem ser eleitos para a construção de um projeto comunitário, como: coleta seletiva e reciclagem, formação e educação ambiental, preservação ambiental, proteção a biodiversidade, compostagem etc.

Tais temas podem surgir a partir da identificação de problemas ambientais que afetam o nosso bem-estar como sociedade. Podemos citar alguns deles: acúmulo de resíduos sólidos com destinação e descarte inadequados; consumo não consciente; poluição do ar, da água, do solo; desmatamento; como também questões relacionadas com saúde e segurança alimentar e nutricional.

Acredita-se que tanto a formação cidadã para a sustentabilidade quanto a participação social em espaços públicos são ferramentas sociopolíticas indispensáveis para a promoção de um desenvolvimento socialmente includente com distribuição de renda e acesso a direitos, além de econômico e ambientalmente sustentado e sustentável, assim como nos ensina o professor Ignacy Sachs (2008).

Referências

CAMPOS, A. E. M.; ABEGÃO, L. H.; DELAMARO, M. C. *O planejamento de projetos sociais*: dicas, técnicas e metodologias. Rio de Janeiro: Oficina Social, Centro de Tecnologia, Trabalho e Cidadania, 2002. Disponível em: <www.coepbrasil.org.br/portal/publico/apresentarConteudoMestre.aspx?TIPO_ID=1>. Acesso em: set. 2011.

CURY, T. C. H. Elaboração de projetos sociais. In: ÁVILA, Celia. *Gestão de projetos sociais*. 3. ed. rev. São Paulo: Associação de Apoio ao Programa Capacitação Solidária, 2001. (Coleção Gestores Sociais). Disponível em: <http://stoa.usp.br/alex/files/2339/16979/gestaoProjSociais.pdf>.

GODOY, C.; DUARTE, M. *Manual para elaboração, administração e avaliação de projetos socioambientais*. São Paulo (Estado). Secretaria do Meio Ambiente. Coordenadoria de Planejamento Ambiental Estratégico e Educação Ambiental. São Paulo: SMA/CPLEA, 2005. Disponível em: <http://homologa.ambiente.sp.gov.br/EA/adm/admarqs/miofehidro.pdf>.

INSTITUTO SOCIOAMBIENTAL E APREMAVI. *Pequeno manual para elaboração de projetos*. Oficinas para elaboração de projetos ambientais. Elaboração de projetos socioambientais. jun. 2001. Disponível em: <www.rma.org.br/v3/.../material_apoio_captacao_recurso.pdf>.

SACHS, I. *Desenvolvimento*: includente, sustentável sustentado. Rio de Janeiro: Garamond, 2008.

TENÓRIO, F. G. *Elaboração de projetos comunitários*: abordagem prática. 5. ed. São Paulo: Loyola, 2005.

____ (Org.). *Gestão comunitária*: uma abordagem prática. Rio de Janeiro: Editora FGV, 2008.

XAVIER, C. M. da S.; CHUERI, L. de O. V. *Metodologia de gerenciamento de projetos no terceiro setor*: uma estratégia para a condução de projetos. PMI. Rio de Janeiro: Brasport, 2008.

Capítulo 6 | Sabão ecológico artesanal Eco Chaperó

Lucia Helena Rodrigues de Carvalho[*]
Patrícia Silva de Souza[**]

1. Apresentação

A preocupação com o desenvolvimento sustentável é tema recente na agenda dos governos e da sociedade em geral. A grande quantidade de lixo produzido é um dos maiores problemas enfrentados no mundo.

A reciclagem do lixo tem se tornado uma forma produtiva para que os resíduos sejam descartados de forma correta, não agredindo o meio ambiente, e contribuindo para a economia, principalmente a local, gerando renda, possibilitando a melhoria do bem-estar social. Não podemos

* Mestre em bens culturais e projetos sociais, especialista nas áreas de comunicação institucional, recursos humanos, responsabilidade social e incentivos culturais. Atualmente é analista sênior do Operador Nacional do Sistema Elétrico.

** Mestre em bens culturais e projetos sociais pelo CPDOC-FGV e graduado em administração pela Uerj. Analista de recursos humanos generalista, atualmente é analista sênior na Ocyan na área de Desenvolvimento de Pessoas.

deixar de ressaltar que os insumos que derivam do lixo aumentam o ciclo de vida do produto.[1]

No Brasil, há inúmeras iniciativas com políticas públicas que envolvem diversos atores sociais, tais como: entes públicos e privados, igrejas, organizações não governamentais e a sociedade civil organizada. Todos adotam a causa de um mundo sustentável.

No que diz respeito à poluição do meio ambiente, destacamos o imprudente descarte do óleo de cozinha na rede de esgoto, o que causa entupimento de tubulações, prejudica o processo de tratamento da água, tornando-o mais caro, além de atingir diretamente os rios e as lagoas. Se o óleo for jogado diretamente no solo, causa a sua impermeabilização, contribui para enchentes e/ou entra em decomposição, gerando gás metano, que é inflamável e pode causar asfixia dependendo do grau de concentração.

A história da utilização do óleo pelo homem se perde no tempo. Há mais de 6 mil anos o homem já utilizava o óleo de oliva e os povos da Mesopotâmia untavam seus corpos para se protegerem do frio. Na China, na Índia, no Egito e no Oriente Médio o óleo era usado também para fins medicinais, na fabricação de tintas, ceras, vernizes e perfumes. Em toda a Europa ele era usado na fabricação de sabões, de cosméticos e na calefação de barcos.

Os óleos vegetais deram origem aos óleos de cozinha, obtidos de várias plantas, como buriti, mamona, soja, girassol e milho. Desempenham um papel muito importante na alimentação humana, melhorando as características sensoriais no sabor, odor e na textura do alimento.

O processo de fritura provoca alterações físicas e químicas nos óleos e seu reúso leva à produção de compostos tóxicos, tornando-se uma preocupação para os profissionais das áreas de nutrição e saúde.

Existem medidas para definir o ponto correto para o descarte do óleo de fritura, mas no Brasil não há regulamentação que defina legalmente

[1] O ciclo de vida de um produto pode ser entendido como a história completa do produto por meio de suas fases de vendas: introdução, crescimento, maturidade e declínio. É o conceito de obsolescência planejada, ou seja, os produtos já nascem com data prevista para serem retirados do mercado.

o momento de descarte para óleos de fritura. No país, são descartados 9 bilhões de litros de óleo de cozinha por ano.[2] Parte desse óleo é reciclada, ou seja, separada, coletada, filtrada e reinserida na cadeia produtiva para atender a diversos segmentos da indústria. O óleo de cozinha usado pode servir como matéria-prima na fabricação de diversos produtos, tais como: biodiesel, tintas, óleos para engrenagens, sabão, detergentes, glicerina, entre outros.

Concomitante às iniciativas do estado do Rio de Janeiro no âmbito das ações socioambientais, o governo municipal de Itaguaí vem incentivando o envolvimento de seus moradores em projetos de despoluição do meio ambiente, ações educacionais nas escolas e coleta seletiva. As rodadas de negócios desenvolvidas com parceiros locais, cujo maior objetivo é a produção de uma economia local e socialmente justa, são outro investimento com grande destaque do município. É possível também aferir, pelos números de projetos que promovem a sustentabilidade registrados no site da Prefeitura de Itaguaí, que o empenho e a participação da comunidade também contribuem para o sucesso dos programas.

Em Itaguaí há muitos bares, restaurantes, residências e escolas que jogam o óleo utilizado na cozinha na rede de esgoto, desconhecendo os prejuízos provocados por essa conduta. A mudança dessa atitude é uma questão de cidadania e por isso deve ser incentivada.

A partir dessas questões, propomos a revisão do projeto "Sabão ecológico — curso de gestão comunitária". Inicialmente, o projeto proposto considerou apenas a produção de um sabão ecológico para uso doméstico, cujo excedente poderia ser comercializado.

Nossa proposta é que o principal objetivo do projeto seja o aumento da geração de renda a partir da reciclagem do óleo de cozinha, a partir de uma ação empreendedora que minimizará os impactos socioambientais em Itaguaí. Deverá ser implantada uma linha de produção comunitária para fabricação de sabão artesanal e posterior comercialização. O projeto será realizado na comunidade de Chaperó, bairro do município de Itaguaí, na Região Metropolitana do Rio de Janeiro.

---

[2] Informação retirada de Zucatto e Da Silva (2013).

Figura 1
Mapa com localização de Itaguaí

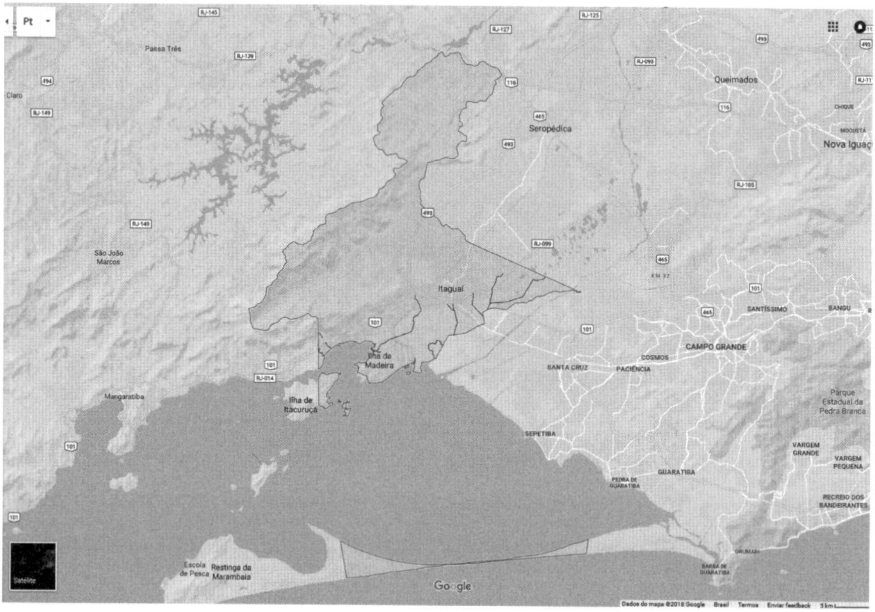

Fonte: Instituto Brasileiro de Geografia e Estatística (IBGE).

Informações relevantes sobre Itaguaí

População estimada 2016[3]	120.855
População 2010	109.091
Área da unidade territorial 2015 (km²)	274,401
Densidade demográfica 2010 (hab./km²)	395,45
Índice de Desenvolvimento Humano (IDHM 2010)	0,715

Fonte: Instituto Brasileiro de Geografia e Estatística (IBGE).

[3] Retificação, 12/9/2016, das populações de Piritiba (BA), Tapiramutá (BA), Morro do Chapéu (BA), Urbano Santos (MA), Barreirinhas (MA) e Santa Quitéria do Maranhão (MA). Para verificar atualizações e consultar estimativas da população de anos anteriores, consulte o link <http://www.ibge.gov.br/home/estatistica/populacao/estimativa2016/estimativa_tcu.shtm>.

Foram considerados no desenvolvimento do projeto o potencial econômico da região, os programas ambientais já iniciados pela Prefeitura de Itaguaí, a feira livre/artesanal presente na cidade, as rodadas de negócios, os investimentos privados, assim como o interesse da população para as temáticas de sustentabilidade.

Indicamos o conceito de economia solidária,[4] que visa um jeito diferente de produzir, vender, comprar e trocar. Nessa economia, os próprios participantes do projeto também são donos. São eles que tomam as decisões de como tocar o negócio, dividir o trabalho e repartir os resultados. Busca-se com isso a melhoria da qualidade de vida da comunidade de Chaperó, assim como a inclusão social de jovens e adultos no exercício da cidadania.

Em acréscimo à lista de atores sociais definida no projeto inicial, foram sugeridas novas parcerias, que julgamos essenciais para o fortalecimento da modelagem proposta. Nesse contexto, a participação da comunidade será fundamental para o êxito do projeto, com relação a doação de óleo e aquisição do produto.

O Projeto de Sabão Ecológico prevê a obtenção de conhecimentos das legislações brasileiras relativas ao meio ambiente, tanto na prática de coleta seletiva do óleo de cozinha como na sua manipulação para a transformação da matéria-prima em sabão artesanal.

Na metodologia apresentada neste trabalho, será incluído um pequeno plano de marketing, que apoiará o desenvolvimento do produto até sua comercialização. Esse plano também contempla a criação de uma marca e logo, "Sabão Ecológico Eco Chaperó", e a sugestão de uma receita de

---

[4] Segundo o Fórum Brasileiro de Economia Solidária, são iniciativas de projetos produtivos coletivos, cooperativas populares, cooperativas de coleta e reciclagem de materiais recicláveis, redes de produção, comercialização e consumo, instituições financeiras voltadas para empreendimentos populares solidários, empresas autogestionárias, cooperativas de agricultura familiar e agroecologia, cooperativas de prestação de serviços, entre outras, que dinamizam as economias locais, garantem trabalho digno e renda às famílias envolvidas, além de promover a preservação ambiental.
Além disso, a economia solidária se expressa em organização e conscientização sobre o consumo responsável, fortalecendo relações entre campo e cidade, entre produtores e consumidores, e permitindo uma ação mais crítica e proativa dos consumidores sobre qualidade de vida, de alimentação e interesse sobre os rumos do desenvolvimento relacionados com a atividade econômica.

sabão, cujo diferencial se encontra na utilização do pó do café como um inibidor do odor da receita base e como adstringente.

Quanto ao acompanhamento do projeto, foi sugerida uma série de indicadores de desempenho para melhor monitoramento do processo. Além disso, no gerenciamento, destacamos a importância de que o planejamento estratégico, missão e visão sejam bem definidos e reflitam o consenso do grupo, por se tratar de uma economia solidária.

É importante destacar que a influência da ação humana na natureza é percebida, também, pela sua geração abusiva de resíduos, em que podemos inferir que o modelo econômico atual necessita de mudanças urgentes, pois os recursos são finitos e, para a economia ser sustentável, existe a necessidade da elaboração de um novo modelo econômico: economia da colaboração. Para o desenvolvimento do projeto foi imprescindível a análise da contextualização do problema tendo em vista o cenário brasileiro: econômico, social e ambiental.

1.1 Contexto do problema

O Brasil é um grande produtor de lixo residencial e industrial e, para implantar a gestão mais sustentável no descarte pós-consumo, o governo federal implantou, em 2010, a Política Nacional de Resíduos Sólidos (PNRS). A lei obriga a logística reversa com o retorno de embalagens e materiais industriais após o consumo, propondo a responsabilidade compartilhada entre governo, indústrias, comércio e consumidores finais.

O PNRS contempla os seguintes objetivos:

a) Não geração, redução, reutilização e tratamento de resíduos sólidos;
b) Destinação final ambientalmente adequada dos rejeitos;
c) Diminuição do uso dos recursos naturais (água e energia, por exemplo) na produção de novos produtos;
d) Intensificação de ações de educação ambiental;
e) Aumento da reciclagem no país;
f) Promoção da inclusão social;
g) Geração de emprego e renda para catadores de materiais recicláveis.

As definições de reciclagem e *rejeitos* estão bem explicitadas na Política Nacional de Resíduos Sólidos (art. 3º, incisos XIV e XV), que deixa claro que processos que promovem a transformação de resíduos orgânicos e adubos e fertilizantes (como a compostagem) também podem ser entendidos como processos de reciclagem.

Desta forma, segundo o Ministério do Meio Ambiente, resíduos orgânicos não devem ser considerados indiscriminadamente rejeitos, e esforços para promover sua reciclagem devem ser parte das estratégias de gestão de resíduos em qualquer escala (domiciliar, comunitária, institucional, industrial, municipal).

O óleo e a gordura vegetal, utilizados no preparo dos alimentos, encontram-se entre os resíduos que, infelizmente, não possuem um método definido para seu gerenciamento, ou seja, manuseio, coleta, tratamento e, por fim, descarte. Esse tipo de material, como resíduos sólidos urbanos, é classificado às vezes como matéria orgânica e, em outros casos, como óleos e graxas. Por apresentar um potencial de graves riscos à saúde das pessoas e ao meio ambiente, as atividades do seu gerenciamento devem estar organizadas e controladas.

No Brasil, o óleo vegetal é muito abundante, o produto fica muito barato e de fácil obtenção, desestimulando sua reciclagem. Os custos para realização da coleta seletiva e o processamento encarecem todo o seu processo, se compararmos com a utilização do óleo vegetal novo.

Segundo a Associação Brasileira das Indústrias de Óleos Vegetais (Abiove), a estimativa de produção de óleo vegetal no Brasil, em 2016, é de 8 milhões de toneladas, dos quais 6,5 milhões de toneladas se destinam ao consumo doméstico.

Também de acordo com a Associação dos Produtores de Biodiesel do Brasil (Aprobio), o Brasil utiliza hoje cerca de 30 milhões de litros de óleo de fritura para processar biodiesel, biocombustível feito à base de óleos vegetais. Cada litro de óleo de cozinha reutilizado gera 980 mililitros do biocombustível. Esse valor, de acordo com os dados de 2015, é pequeno, ou seja, algo em torno de 3,9 bilhões de litros.

Dados da Associação Brasileira para Sensibilização, Coleta e Reciclagem de Resíduos de Óleo Comestível (Ecóleo) atestam que o país descarta

200 milhões de litros de óleo de cozinha na natureza. A maior parte do óleo utilizado é despejada sem critério em ralos, contaminando o lixo comum e comprometendo as tubulações e redes de tratamento de esgoto.

Nas regiões onde não há rede coletora ou um programa de coleta seletiva, o óleo vai diretamente para os rios e lagoas, aumentando significativamente a poluição e a degradação ambiental, acarretando prejuízos à população, às concessionárias de saneamento e aos governos. Ele é o grande vilão, pois, apesar de representar um volume inferior comparado a outros resíduos, seu poder de poluição é muito grande. Logo, se faz necessária a realização de uma política eficiente que contemple toda a população, incentivando seu correto armazenamento e sua destinação final para as empresas de reciclagem ou para as cooperativas, evitando seu descarte em locais inadequados.

Não há estatísticas precisas sobre o número de projetos dedicados a recolher óleos e gorduras residuais (OGR) no país, mas muitos deles acumulam resultados. A certeza é que o benefício maior é para o meio ambiente.

A gestão e o gerenciamento dos resíduos sólidos no estado do Rio de Janeiro são realizados por empresas credenciadas pelo Instituto Estadual do Ambiente (Inea), criado em 2007 e vinculado à Secretaria de Estado do Ambiente, para executar as políticas estaduais do meio ambiente, de recursos hídricos e de recursos florestais adotadas pelos Poderes Executivo e Legislativo do estado; e pelas secretarias de meio ambiente de cada município. São exigidos conhecimentos sobre a tratabilidade, sendo necessário um responsável técnico, que vai elaborar um memorial descritivo que fará o organograma do projeto, contemplando as máquinas e os equipamentos necessários para o tratamento, seu reúso e sua reciclagem, com sua correta destinação final.

O Inea descentralizou sua atuação em superintendências regionais correspondentes às regiões hidrográficas do estado, com autonomia para expedir licenças ambientais para atividades de pequeno e médio potencial poluidor. Com sede em Itaguaí, a Superintendência Regional Baía de Sepetiba (Supsep) atua em toda a baía, inserida na Região Hidrográfica II (RHII), que abrange uma área total de 3.715 km^2 e está localizada no mais importante entorno geoeconômico do Brasil. Nessa região concentra-se uma diversificada atividade econômica, composta de diferentes tipos de indústrias (têxtil, bebidas, metalurgia, siderurgia) e atividades portuárias.

O Porto de Itaguaí, um dos maiores e mais modernos da América Latina, destaca-se por ser um canal de escoamento da exportação do minério do país e principal porto concentrador de cargas no Mercosul. Em parceria com a iniciativa privada, vem ampliando a instalação de novos terminais para a movimentação de minérios, soja, fertilizantes (granéis sólidos), petróleo e seus subprodutos (granéis líquidos), e carga geral, entre outras mercadorias.

Chaperó, comunidade próxima ao Porto de Itaguaí, onde se propõe implantar o projeto Sabão Ecológico Eco Chaperó, é um bairro do município de Itaguaí, no Rio de Janeiro. Foi fundado na década de 1960 como um conjunto para policiais do Rio de Janeiro. Suas terras muito valorizadas graças a sua posição, próxima ao porto de Itaguaí, são cortadas por duas grandes vias, a Rio Santos e o Arco Metropolitano do Rio de Janeiro. No bairro também passa a ferrovia MRS,[5] muito importante por possibilitar às terras da região que elas sirvam de pátios para contêineres, indústrias e empresas, possibilitando a redução de custos com transportes, mão de obra qualificada e farta no local.

Além da criação do Inea, o governo do Rio de Janeiro vem lançando programas voltados para a coleta seletiva e a reciclagem, visando à redução da quantidade de resíduos encaminhados aos aterros sanitários e ações diretamente relacionadas com a coleta e a reciclagem do óleo de fritura.

O Programa de Reaproveitamento de Óleos Vegetais do Estado do Rio de Janeiro (Prove) foi criado em 2008, com a finalidade de incentivar a reciclagem do óleo de cozinha, ajudando a reduzir seu descarte nos lixões e na rede de esgoto. O programa consiste na coleta de óleo por meio das cooperativas populares e na venda desse óleo para a refinaria de Manguinhos, onde ele é transformado em biodiesel.

O Conselho Nacional de Meio Ambiente (Conama), ao perceber que o estrago ocasionado pelo descarte do óleo de cozinha no meio ambiente

[5] A MRS é uma operadora logística que administra uma malha ferroviária de 1.643 km nos estados de Minas Gerais, Rio de Janeiro e São Paulo, região que concentra cerca da metade do PIB brasileiro. Hoje, a companhia está entre as maiores ferrovias de carga do mundo, com produção quase quatro vezes superior àquela registrada nos anos 1990. Quase 20% de tudo o que o Brasil exporta e um terço de toda a carga transportada por trens no país passam pelos trilhos da MRS.

era muito preocupante, lançou a Resolução nº 430/2011, que passou a limitar o lançamento de óleo no meio ambiente.

A coleta e o transporte dos resíduos sólidos exigem um bom planejamento, recursos financeiros e humanos, e seu objetivo é gerar segurança aos profissionais envolvidos e retorno financeiro. O Prove já conseguiu evitar que cerca de 15 milhões de litros de óleo de cozinha usados fossem descartados inadequadamente. O governo cede às cooperativas de transportes Kombis com motorista, combustível e local para armazenamento, e as cooperativas fornecem a mão de obra, para depois venderem para as recicladoras.

Existem diversas empresas que fazem a coleta em restaurantes, indústrias e condomínios, pagando pelo óleo coletado e o revendendo, já tratado, para as indústrias. O governo está recorrendo às empresas e as cooperativas de catadores para iniciar e incrementar a coleta e o transporte do óleo, que ainda não atingiu 10% de todo o volume de óleo usado gerado por toda a população.

O óleo de cozinha é beneficiado pelas centrais de tratamento, específicas para o óleo usado, onde é feita a remoção dos sólidos e da água, e o seu pH[6] é corrigido. O óleo reutilizado pode ser empregado na produção de diversos produtos, como sabão, ração animal e tintas, além de servir como fonte alternativa de energia ao ser transformado em biodiesel, garantindo oportunidades de trabalho para muitas pessoas.

O Prove mobiliza trabalhadores de vários municípios fluminenses, cadastrados em cooperativas, que recolhem em média 3 milhões de litros de óleo por ano. O programa já alcançou a maioria dos municípios fluminenses, tendo ampliado seu diálogo com a iniciativa privada, estabelecendo parcerias focadas na instalação de pontos de coletas em diversas empresas.

A Associação Brasileira das Indústrias de Produtos de Limpeza e Afins (Abipla) reuniu importantes institutos de pesquisa em seu ano de 2012 e apresentou um panorama consistente do setor: o brasileiro gasta em média R$ 271,68 ao ano com produtos de limpeza, correspondendo a

[6] O pH, potencial hidrogeniônico ou potencial hidrogênio iônico, é um índice que indica a acidez, neutralidade ou alcalinidade de um meio qualquer. A escala do pH pode variar de 0 até 14, e quanto menor o índice do pH de uma substância, mais ácida essa substância será.

R$ 22,64 o gasto médio mensal. Esse valor representa um crescimento de 11,5%, em comparação com 2011.

O Brasil é, hoje, o quarto mercado mundial de produtos de limpeza e a região do país que mais consome esses produtos é o Centro-Oeste. De acordo com a Associação Brasileira de Embalagens (Abre): [...] Entre 2009 e 2014, as vendas cresceram 17,3%, totalizando US$ 7,8 bilhões por ano, segundo a Euromotor International. A previsão é de expansão de 16,6% até 2019 [...]".

A manutenção do lar lidera o *ranking* de gastos dos brasileiros, com 25,5% do total. Estão nesse item despesas com aluguel, impostos e taxas, contas de luz, água e gás. A alimentação aparece na sequência com 16,9%, seguido pela saúde, medicamentos, higiene pessoal e limpeza (8,6%); transportes (7,5%); materiais de construção (5,1%); vestuário e calçados (4,7%); recreação e viagens (3,5%); educação (2,5%); eletrônicos (2,2%); móveis e artigos do lar (1,8%); e fumo (0,5%).

O estudo foi feito com base em dados secundários, atualizados e pesquisados por meio de fontes oficiais de informação, utilizando metodologia do Índice de Potencial de Consumo (IPC Marketing).

Tendo em vista o potencial de crescimento do mercado descrito no estudo, percebe-se a proliferação de fábricas de material de limpeza não legalizadas. Todavia, cabe destacar que poucas dessas empresas sobrevivem. Empreender nesse mercado competitivo ao lado das gigantes multinacionais (Unilever e Procter e Gamble, por exemplo) e das demais empresas legalizadas é desafiador, conforme dados do Sebrae.

2. Objetivos

2.1 Objetivo geral

Apresentar alternativa sustentável e empreendedora, a partir da reciclagem do óleo de cozinha do bairro de Chaperó, minimizando os impactos socioambientais em Itaguaí.

2.2 Objetivos específicos

a) Melhorar a qualidade de vida dos participantes pela economia solidária, como geração de trabalho e renda pela produção de sabão;
b) Ampliar os investimentos econômicos da Comunidade de Chaperó;
c) Informar os riscos para a saúde humana, quanto ao reúso do óleo de cozinha na alimentação;
d) Promover a Comunidade de Chaperó por meio de um Projeto Eco-Social de sucesso;
e) Promover a melhoria do meio ambiente (terrestre e aquático).

3. Beneficiários

Os Beneficiários do projeto Eco Chaperó podem ser classificados nos seguintes grupos:

Beneficiários diretos:

Referem-se aos participantes que estão diretamente envolvidos com a produção do sabão artesanal.

Beneficiários indiretos:

Comunidade: será beneficiada pela aquisição de um produto local de qualidade a um custo inferior ao praticado pelo mercado, e pelo ganho ambiental favorecido pela reciclagem de óleo no município. Ademais, fomenta o sentimento de pertencimento e orgulho da comunidade de Chaperó.

Prefeitura: possibilidade de ampliação do seu programa ambiental, tendo em vista a redução de óleo descartado no meio ambiente, assim como ganho de visibilidade (reputação) pelo patrocínio a um projeto socioambiental.

Comércio local: favorecimento do comércio local por meio do aumento das atividades econômicas.

Empresas locais: valorização/visibilidade da marca pela associação/parceria ao projeto Eco Chaperó.

4. Justificativa

De forma geral, ao se analisar o *ciclo de vida dos produtos*, é possível perceber que os resíduos sólidos de uma sociedade podem ser transformados em matéria-prima secundária e retornar ao processo produtivo.

Dessa forma, a logística reversa do produto[7] pode trazer vantagens competitivas e evitar a degradação ambiental e problemas no sistema de tratamento de água e esgoto. Além disso, os óleos podem causar danos irreversíveis quando despejados nos córregos, rios e lagos, dificultando a entrada de luz e a oxigenação da água além de formar uma camada gordurosa nas margens dos lagos e rios piorando os quadros de enchentes.

O retorno do óleo de fritura ao ciclo produtivo não é apenas ecologicamente correto e lucrativo, mas o procedimento beneficia até o bolso do cidadão brasileiro, uma vez que o prejuízo para tratar a água contaminada pelo óleo de fritura é repassado em forma de impostos que são pagos pela própria população.

Embora haja um grande potencial para a coleta e reciclagem de óleo de cozinha, existem alguns percalços que impedem sua plena utilização. O maior de todos é a falta de conscientização por parte da população em geral quanto aos problemas causados pelo despejo desse resíduo na natureza, e a falta de hábitos mais "ecológicos". O processo de reutilização do óleo de cozinha para o consumo humano é outro ponto a se considerar, tendo em vista seu malefício para a saúde.

Por não existir o modelo ideal de descarte do óleo de cozinha na legislação brasileira, uma alternativa para esses problemas é a fabricação de sabão. Esse processo já vem sendo feito em diversas cidades do Brasil e podemos citar, como exemplo, o projeto Sabão Ecológico das Comunidades, no Rio Grande do Norte, patrocinado pela Petrobras Socioambiental, que promove a qualidade de vida da comunidade.

---

[7] A PNRS define a logística reversa como um "instrumento de desenvolvimento econômico e social caracterizado por um conjunto de ações, procedimentos e meios destinados a viabilizar a coleta e a restituição dos resíduos sólidos ao setor empresarial, para reaproveitamento, em seu ciclo ou em outros ciclos produtivos, ou outra destinação final ambientalmente adequada".

Como forma de contribuir para a sustentabilidade ambiental, muitas comunidades têm se organizado, de forma planejada e com a participação de atores sociais, para estabelecer projetos para o reaproveitamento do óleo de fritura usado. A produção de sabão é uma das formas de reutilização da matéria-prima, pois impede os destrutivos impactos ao meio ambiente e pode gerar novas fontes de renda para a população.

Devem-se considerar também os resultados, assim como o potencial de crescimento de mercado de materiais de limpeza no cenário brasileiro. Outro fator preponderante é o declarado empenho que vem sendo demonstrado pela comunidade, que de forma muito participativa se associa aos empreendimentos e iniciativas desenvolvidos por diferentes atores sociais na região no enfrentamento da questão socioambiental.

5. Metodologia

Como estratégia básica, o projeto deverá ser desenvolvido em duas fases. Na primeira fase será constituído um grupo-tarefa, formado por três pessoas de Chaperó, de caráter temporário, que de forma participativa deliberarão sobre assuntos específicos:

a) Avaliar a aderência desse estudo e/ou sua adequação;
b) Identificar sete pessoas da comunidade interessadas em participar do projeto;
c) Avaliar e iniciar parcerias estratégicas com atores sociais sugeridos no item 7.1.

Na segunda fase do projeto deverá ser criado um comitê, que extinguirá o grupo-tarefa, e onde todos terão a mesma representatividade, porém com atividades e tarefas definidas. Sua estrutura será permanente enquanto dure a execução do projeto. A participação deliberativa de todos é vital para o sucesso do projeto. Esse comitê será formado pelas sete pessoas identificadas na comunidade e as três pessoas presentes no grupo-tarefa.

A primeira ação desse comitê será avaliar e validar as premissas constituídas na primeira fase. Posteriormente, deverão ser estabelecidas: as atividades que serão desempenhadas pelos membros (divisão do trabalho, inclusive a definição do representante/gerenciador eleito pelo grupo); parcerias operacionais; e a validação das etapas do cronograma sugerido no item 6.

Vale ressaltar que é imprescindível para a execução do projeto que seja utilizado o maior número de recursos gratuitos disponíveis na comunidade, evitando custos e garantindo a qualidade e sustentabilidade do projeto.

A constituição legal do projeto será uma etapa futura, tendo em vista a importância de que seja testado e validado com relação a sua viabilidade e lucratividade. Logo, o projeto será piloto. Porém, desde o começo, deve ser estabelecido um ponto de atividade/contato, com disponibilização de um telefone e demais meios de comunicação possíveis, como e-mail, site, concentrando toda a informação e evitando dispersões e informações desconexas entre os membros e a comunidade.

Destaca-se que o projeto busca o desenvolvimento socioambiental da comunidade, que deve, primordialmente, ser a base da composição dos integrantes, desde o grupo-tarefa. A cooperação de toda a comunidade deve fazer parte de todas as etapas: doação do óleo, teste do produto, pesquisa de opinião, compra do produto final.

Sendo um piloto com caráter de atividade comunitária, a Eco Chaperó deve manter o foco em sua localidade, restrito a Itaguaí, podendo ser comercializado em pontos de venda do município, tais como: feiras livres e de artesanato de Itaguaí, pequenos mercados, porta a porta e no próprio local de produção. Igualmente, em caso de contratação de recursos ou compra de matérias-primas, devem-se privilegiar os fornecedores locais, fortalecendo e estimulando a economia.

O possível desenvolvimento e expansão das atividades podem ocorrer futuramente, desde que contempladas as condições descritas anteriormente, no que tange ao atendimento e priorização da comunidade, e conforme uma avaliação pormenorizada da robustez do negócio.

Outro viés importante a ser observado em todas as etapas, a partir do início das atividades, é a atenção e a busca constante pela qualidade. Isso se aplica aos processos e ao produto, especialmente pela cadeia produtiva envolver manuseio de substâncias tóxicas. Logo, devem ser cumpridos todos os requisitos legais e técnicos para garantir a segurança dos integrantes do comitê, das pessoas que lidam com os produtos diariamente e da circunvizinhança dos locais de estocagem de matéria-prima e do produto final.

Ainda nesse quesito, deve ser prevista na expansão do projeto a contratação de um profissional regulamentado que desenvolva ou aprimore a receita do sabão, sob padrões da Agência Nacional de Vigilância Sanitária (Anvisa), entre outros órgãos responsáveis, caso aplicável.

5.1 Plano de marketing

O marketing é, segundo Kotler e Armstrong (2012), um processo de geração de valor para os clientes com o objetivo de construir relacionamentos, de forma que as empresas possam capturar valor em retorno. O *branding* é uma das suas estratégias. Essa ferramenta tem sido essencial para ajudar os consumidores a criarem estruturas mentais sobre as marcas e os produtos, fazendo-os ver de forma mais perceptível a diferença entre marcas da mesma categoria de produtos (Keller e Kotler, 2008).

Esse plano de marketing foi desenvolvido para auxiliar a Eco Chaperó a delinear sua estratégia para que ela traga vantagem competitiva na produção e comercialização do sabão ecológico:

a) O processo de coleta de óleo reciclado será diário. Ele poderá ser entregue no horário comercial, no local estabelecido pelo comitê, e também será recolhido pelo Disque Óleo, criado exclusivamente como um canal do Eco Chaperó, e pela bicicleta ecológica, criada para o projeto, que recolherá nos mesmos dias estabelecidos pela prefeitura de Itaguaí para a coleta seletiva de lixo.
b) Todos aqueles que doarem óleo usado receberão, proporcionalmente, uma cortesia do sabão Eco Chaperó. Nesse caso, o sabão não será embalado.
c) A embalagem feita com filtro de papel usado e barbante de algodão reforça o caráter artesanal do produto. O filtro de café tem dois

objetivos principais: a estética da embalagem e ativar o aspecto sensorial, influenciando positivamente as vendas. Além disso, o filtro de café fará parte da coleta seletiva do óleo.

d) A padronização do produto é outro aspecto importante em que devemos investir. Isso aumenta a percepção do cliente de estar comprando sempre o mesmo produto, com qualidade garantida. Ratificamos que se deve atentar para a intensidade do cheiro, embalagem, tamanhos e, principalmente, a fidelidade à receita. Não se pode produzir um sabão diferente a cada lote.
e) O ponto de venda (PDV) previsto inicialmente é a Feira de Chaperó, que, além de dar maior visibilidade mercadológica, também reforçará o posicionamento comercial do sabão como produto artesanal e ecológico.
f) Foi criada uma marca, apenas como sugestão inicial. Vale ressaltar que seu conceito foi associado ao aspecto ambiental, artesanal e sensorial. Caso ela não seja adotada, sugerimos uma nova avaliação que esteja associada à sustentabilidade. A Eco Chaperó acredita que construir um mundo melhor é possível. Tendo esse objetivo como inspiração, a empresa busca mobilizar todos ao seu redor que compartilham dessa ideia. Suas ações são pautadas na transparência e na construção de um relacionamento melhor entre indivíduos e meio ambiente.
g) Toda a diferenciação sugerida poderá ajudar a influenciar os consumidores na escolha de um produto de qualidade, ambientalmente correto, produzido na comunidade, além dos seus objetivos sociais já descritos anteriormente.
h) Propaganda e publicidade: as peças de comunicação desenvolvidas para divulgação do sabão deverão ser distribuídas na comunidade, nos atores sociais, utilizando sempre os recursos existentes, tais como: cartazes no comércio local, veículos adesivados, bancas de jornal, escolas, rádio comunitária e local, blogs e outras mídias voltadas para a comunidade, carro de som, redes sociais, sites, e mídia local em geral.
i) A Eco Chaperó tem sua marca diretamente ligada à sustentabilidade e delimita o espaço físico da sua produção, trazendo reconhecimento para a comunidade Chaperó, tanto pela participação

comunitária, para geração de renda, como pela garantia de um destino ecologicamente correto dos resíduos produzidos.

Figura 2
A marca Eco Chaperó

Fonte: Elaboração própria.

Figura 3
A marca Eco Chaperó — p&b

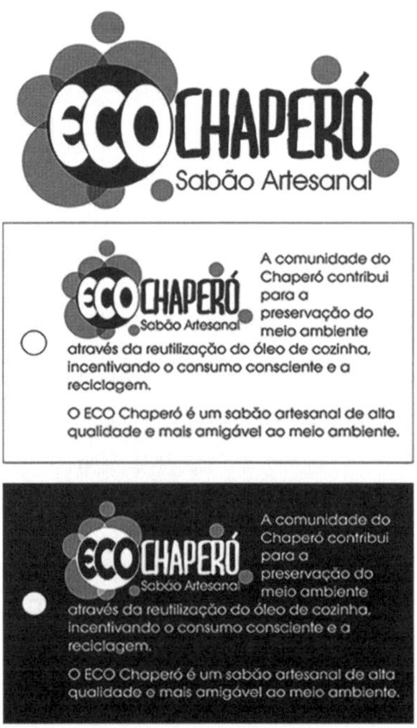

Figura 4
Design final do produto

Fonte: Elaboração própria.

Figura 5
A embalagem de filtro de papel

Fonte: Elaboração própria.

5.2 A receita

Existem inúmeras receitas de sabão caseiro, contudo estudos realizados pela empresa eCycle[8] comprovaram que a maior parte utiliza soda cáustica em excesso e isso é profundamente arriscado devido às seguintes causas:

- A soda cáustica é uma substância maléfica à saúde devido às suas propriedades corrosivas e desidratantes, sendo muito invasiva para a pele, que fica ressecada, pode apresentar rachaduras e até hipersensibilidade e inflamações;
- Também é importante destacar o papel que a soda cáustica proporciona ao meio ambiente, pois ela aumenta muito o pH do esgoto doméstico que, conforme sua destinação, poderá desequilibrar o pH dos rios e lagos, e interferir em todo o ecossistema.

Mesmo sendo a soda cáustica tão nociva quanto descrito, ela é essencial na produção do sabão caseiro. Cabe destacar que o caráter prejudicial da soda cáustica ocorre quando ela entra em contato com a pele e os olhos, e no uso ou descarte direto no meio ambiente ou esgoto.

Todavia, ao utilizá-la para produzir o sabão, sua reação com o óleo de cozinha provoca uma transformação desses dois ingredientes em outros produtos, que são o respectivo sabão e a glicerina.

A receita proposta no projeto é a da empresa eCycle, que busca utilizar a quantidade mínima de soda cáustica necessária para a produção do produto, de forma a produzir o menor impacto ambiental possível. Por meio de diversos testes realizados pela empresa, chegou-se a uma fórmula que apresenta boa qualidade e com pH mais próximo da neutralidade.

---

[8] Marca que busca construir valor para a sociedade por meio da aliança de resultados econômicos a benefícios sociais e ambientais, fundamentalmente mediante a articulação de conteúdo de valor. A equipe eCycle pesquisou e testou diversas receitas, tendo o cuidado para entregar uma fórmula final que contivesse somente as quantidades estritamente necessárias de cada componente. Assim, seria possível atingir um produto final com boa qualidade e com o pH mais próximo possível da neutralidade.

Sugerimos que seja agregado à receita um componente novo, o café, tanto em essência como em sua apresentação mais tradicional, ou seja, em pó. Essas duas substâncias serão um diferencial, seja pelo aroma, seja pela sensação adstringente que o grânulo do pó propicia.

A razão dessa associação levou em conta a seguinte questão: a receita base do sabão, a partir do óleo reciclado, sem a inclusão de qualquer essência, tem como resultado um produto bruto, cujo odor não é agradável, tendo em vista as características de seus componentes básicos, que são óleo de cozinha reaproveitado e soda cáustica.

5.2.1 Ingredientes da receita

- 1 quilo de óleo de cozinha usado;
- 140 mililitros de água morna de café;
- 135 gramas de soda cáustica em escamas (concentração superior a 95%);
- 10 g de pó de café.

5.2.2 Materiais

- Forma específica para o molde do sabão;
- Luvas;
- Máscaras descartáveis;
- Óculos de proteção;
- Baldes (tamanho grande);
- Recipientes pequenos;
- Faca;
- Régua de metal;
- Colher de pau;
- Balança analógica de cozinha.

6. Cronograma

Figura 6
Cronograma do projeto

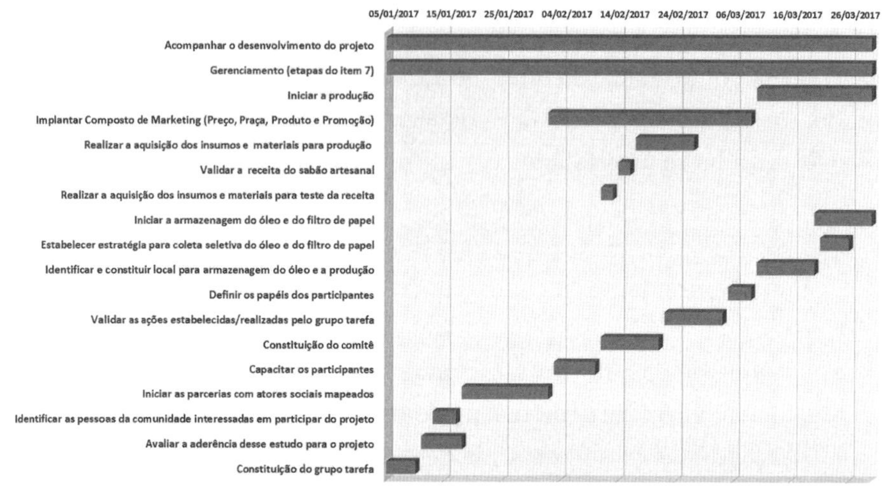

Fonte: Elaboração própria.

7. Gerenciamento

O plano de gerenciamento do projeto será a principal referência para a equipe. Nele estarão descritos como os processos de produção do sabão artesanal deverão ser executados, controlados, monitorados e finalizados. O gerenciamento de projeto nada mais é do que documentar todas as ações necessárias para definir, preparar, integrar e coordenar todos os planos auxiliares.

Por se tratar de um projeto de economia solidária, em que todos participam das decisões estratégicas e do dia a dia da instituição, todo o grupo tem autonomia para decidir o que é melhor para o projeto visando sempre o bem comum. Contudo, deverá ser constituído um representante/ gerenciador, que será indicado pelo próprio grupo, para manutenção dos elos de todas as etapas.

Com o gerenciamento será possível:

- Determinar os objetivos e como alcançá-los;
- Eliminar ou diminuir incertezas;
- Melhorar a eficiência dos processos;
- Antecipar-se aos problemas futuros.

É importante que seja elaborado um planejamento estratégico com metas e objetivos bem definidos e que ele reflita o consenso do grupo. Independentemente do tamanho do projeto, deverão ser estabelecidas a missão e a visão do empreendimento. Esses fatores nortearão o alcance dos objetivos, assim como sua evolução.

Tabela 1
Aspectos a serem monitorados na fase de gerenciamento

Gerenciamento	**Itens observados**
Controle da documentação	Contratos, notas fiscais, termos de parceria
Comunicação	Garantia do fluxo de informações e instruções
Projetos	Desempenho de papéis, organização e negociação
Recursos Humanos	Desempenho, ética, controle de conflitos e cooperação
Riscos	Otimização de recursos, garantia da qualidade e déficit
Tempo	Controle dos prazos de entrega, continuidade das etapas
Investimento Inicial	Controle do capital investido
Recursos Financeiros	Fluxo de caixa (entradas e saídas)

Fonte: Elaboração própria.

7.1 Atores sociais

O Projeto é uma iniciativa de economia solidária que contribuirá para o desenvolvimento local a partir de um processo de educação ambiental e da articulação das lideranças e forças políticas e econômicas presentes no município de Itaguaí. Com os pilares de cooperação, solidariedade e transparência, o projeto busca reunir todos os atores sociais elencados a seguir visando viabilizar o sucesso da operação. Trata-se de uma sugestão, podendo os atores serem ampliados ou restringidos.

A Prefeitura de Itaguaí, em parceria com a Secretaria de Meio Ambiente (SMMA), percebendo os entraves para o desenvolvimento local, resolveu buscar soluções atuando por meio de um trabalho preventivo. Entre as ações adotadas, incluiu-se a manutenção regular da cidade juntamente com o incentivo à educação ambiental.

Desde setembro de 2015, já foi realizada a limpeza de diversos canais e valões do município com o intuito de evitar possíveis alagamentos em locais predominantemente residenciais. Por meio de uma parceria firmada com o Instituto Estadual do Ambiente (Inea), a Prefeitura e a Secretaria de Meio Ambiente conseguiram realizar o acompanhamento dos canais do município, realizando assim o cuidado deles.

O Inea descentralizou sua atuação em superintendências regionais correspondentes às regiões hidrográficas do estado, integrando assim a gestão ambiental e a de recursos hídricos. As superintendências regionais têm autonomia, inclusive, para expedir licenças ambientais para atividades de pequeno e médio potencial poluidor.

Com sede em Itaguaí, a Superintendência Regional Baía de Sepetiba (Supsep) atua em toda a baía, inserida na Região Hidrográfica II (RHII), que abrange uma área total de 3.715 km^2 e está localizada no mais importante entorno geoeconômico do Brasil. Nessa região concentra-se uma diversificada atividade econômica, composta de diferentes tipos de indústrias (têxtil, bebidas, metalurgia, siderurgia) e atividades portuárias.

Outra questão importante é que a Prefeitura tem atuado incentivando os moradores a colocarem em suas residências filtros, fossa e sumidouro, já que quase 90% dos esgotos são jogados diretamente nos rios.

De forma a despertar e disseminar a consciência ambiental, foi formalizada uma parceria entre Secretaria de Meio Ambiente (SMMA) e as escolas da rede municipal de ensino. Por meio de capacitações ministradas nas escolas por técnicos da SMMA, são difundidos conceitos de sustentabilidade e educação ambiental e realizadas diferentes oficinas.

As escolas constituem, assim, uma possível ferramenta poderosa de divulgação do projeto Eco Chaperó uma vez que o estudante pode compartilhar em casa os conhecimentos adquiridos no âmbito acadêmico e assim mobilizar toda a família para os perigos ambientais oriundos do descarte do óleo de cozinha, assim como informá-los que existe uma iniciativa colaborativa presente na cidade que recolhe o óleo para a fabricação do sabão artesanal.

Outra estrutura presente na cidade e que terá papel fundamental para o desenvolvimento das ações do projeto é o Centro de Artes e Esportes Unificados da Costa Verde (CEU). Com 3 mil metros quadrados de área, o CEU conta com biblioteca, cineteatro, laboratório multimídia, salas de oficinas, espaços multiuso e Centro de Referência em Assistência Social (Cras). Atualmente, o local é gerenciado por três secretarias: Cultura, Assistência Social e Esporte e Lazer. A proposta é que seja firmada uma parceria da Eco Chaperó com o CEU para utilização dos espaços multiuso para a produção e armazenagem do sabão artesanal elaborado.

No que concerne à parte de comercialização do produto produzido, deverá ser firmada parceria com um órgão que hoje tem forte participação e influência no mercado econômico da cidade de Itaguaí, a Secretaria Municipal de Desenvolvimento Econômico Sustentável (SMDE).

A SMDE foi responsável por promover a 1ª Rodada de Negócios da Cadeia Produtiva de Itaguaí com o objetivo de criar uma relação de prestação de serviço entre as grandes e pequenas empresas da cidade, buscando, assim, que a riqueza gerada na cidade pudesse ficar na própria cidade.

Visando fortalecer cada vez mais a economia local e tornar possível o objetivo citado anteriormente, a SMDE tem dado continuidade ao projeto do Fórum de Desenvolvimento da Cadeia Produtiva, projeto que reúne grandes empresas da região e o Serviço Brasileiro de Apoio às Micro e Pequenas Empresas (Sebrae) para planejar ações.

Hoje, o Sebrae é o principal articulador das consultorias e capacitação das pequenas e médias empresas para a prestação de serviços às empresas de grande porte e tem papel de destaque no Fórum. As orientações dos consultores do Sebrae visam à melhoria do nível do negócio e a sua maturidade.

Entre as ações que fazem parte do calendário de atividades do Fórum de Desenvolvimento encontra-se o Ação Global Empresarial de Itaguaí (AGE Itaguaí), que é de um evento que busca preparar empresários da cidade para fornecer seus produtos e prestar serviços a grandes empresas, especialmente no momento delicado financeiramente que o país atravessa. As Rodadas de Negócio também são ações promovidas pelo Fórum.

As Rodadas de Negócio consistem em mesas-redondas com oito pessoas, sendo um mediador, um representante da grande empresa e seis das micro e pequenas empresas (MPEs). Entre os benefícios auferidos a partir da Rodada de Negócios estão a melhora da qualidade de vida e mais oportunidades de empregos.

Entre as empresas que participam da Rodada de Negócios estão as grandes empresas locais como Companhia Siderúrgica Nacional (CSN), Companhia Siderúrgica do Atlântico (CSA — ThyssenKrupp), Sepetiba Tecon, Odebrecht, Vale e Itaguaí Construções Navais (ICN). A presença de empresas desse porte só reforça que o interesse no desenvolvimento de Itaguaí não está restrito a pequenas e médias empresas. É comum a realização de *workshops*, antes dos fóruns, visando à preparação das pequenas e médias empresas para as Rodadas de Negócios. Na ocasião, os empresários são capacitados sobre como apresentar seus serviços aos grandes empreendimentos.

Todos os parceiros ganharam espaço no cenário econômico da cidade com a movimentação do mercado local. Como exemplo, pode-se citar o caso da Feira de Chaperó. Ela acabou sendo remanejada para o Parque Municipal de Eventos. Com essa mudança, foi possível oferecer à população um local que reúne shows, gastronomia, diversão e venda de produtos artesanais. Contar com um espaço cultural como esse, onde é permitida a venda de artesanato, é uma vantagem de que a Eco Chaperó poderá desfrutar.

Na tabela 2, de forma simplificada, elencamos os atores sociais com os possíveis apoios ao projeto, assim como a sugestão de contrapartida da Eco Chaperó para eles.

Tabela 2
Atores sociais mapeados

Atores Sociais	Apoio	Contrapartida
Prefeitura de Itaguaí / Secretaria de Meio Ambiente	Divulgação nos canais institucionais, doação de bicicletas, cessão de espaço para armazenamento de óleo, concessão do alvará para participação da feira, repasse do óleo coletado e capacitação/treinamento.	Publicidade, redução dos gastos de manutenção de tubulações e com limpeza do meio ambiente.
Instituto Estadual do Ambiente (Inea)	Capacitação/treinamento, divulgação nos canais institucionais, desenvolvimento de política pública específica.	Publicidade e troca de experiências.
Centro de Artes e Esportes Unificados da Costa Verde (CEU)	Capacitação/treinamento e cessão de espaço para a produção do sabão Eco Chaperó.	Publicidade, cortesia do sabão Eco Chaperó.
Secretaria Municipal de Desenvolvimento Econômico Sustentável (SMDE)	Inclusão do Projeto Eco Chaperó nas Rodadas de Negócio e no Fórum de Desenvolvimento.	Fortalecimento da Rodada/Fórum com o desenvolvimento de um projeto local.
Serviço Brasileiro de Apoio às Micro e Pequenas Empresas (Sebrae)	Capacitação e empreendedorismo.	Publicidade.
Empresas Locais	Apoio financeiro e doação de óleo.	Publicidade, cortesia do sabão Eco Chaperó.
Escolas	Divulgação do Projeto Eco Chaperó, doação de óleo e filtro de papel.	Cortesia do Sabão Eco Chaperó e capacitações acerca do tema sustentabilidade.
Comunidade	Doação de óleo e filtro de papel.	Cortesia do Sabão Eco Chaperó.

Fonte: Elaboração própria.

Outros possíveis parceiros presentes na cidade que deverão ser avaliados são: Associação Comercial Industrial e Agropastoril de Itaguaí (Aciapi), Câmara dos Dirigentes Lojistas (CDL), Associação dos Feirantes de Itaguaí, Companhia Estadual de Água e Esgoto (Cedae), Companhia de Desenvolvimento Urbano, Federação das Indústrias do Estado do Rio de Janeiro (Firjan).

8. Orçamento

Os valores discriminados nas tabelas seguintes são relativos ao investimento inicial para o desenvolvimento da primeira produção do sabão Eco Chaperó e, conforme comentado neste trabalho, ratificamos a importância de que esses valores sejam revistos, levando em consideração a economia em escala, a relação entre a quantidade de matéria-prima e a proporcionalidade da produção. Além disso, reforçamos que a aquisição de matéria-prima deve ser realizada preferencialmente com o comércio local.

Tabela 3
Custos variáveis de produção

	1 kg sabão (reais)	**5 kg sabão (reais)**	**50 kg sabão (reais)**
Orçamento			
Produção (Custos variáveis)			
Soda cáustica em escamas 1 kg (custa R$ 8,00 e rende 7,4 vezes por receita de 1 kg)	1,08	5,41	54,05
Barbante 100 algodão cru com 184 metros (custa R$ 8,99 e rende para 613 embalagens)	0,08	0,38	3,80
Café torrado e moído 500 g (custa R$ 8,50 e rende 50 vezes por receita 1 kg)	0,17	0,85	8,50
Etiqueta (embalagem) 1.000 unidades (custa R$ 100)	0,50	2,50	25,00
Total	**1,83**	**9,14**	**91,35**

Fonte: Elaboração própria.

Para o cálculo da tabela 3 foram consideradas as seguintes premissas:

- 135 g de soda cáustica em escamas para uma receita de 1 kg de óleo;

- 30 cm de barbante para cada embalagem;
- 10 g de café para uma receita de 1 kg de óleo.

Ressaltamos que os custos citados na tabela 3 não contemplam custos fixos, descritos na tabela 4. O aumento da escala de produção é uma importante forma de diminuir os custos fixos por unidade produzida.

Tabela 4
Custos fixos de produção

Equipamentos (Custos fixos)	Quant.	Custo Unitário (reais)	Custo Total (reais)
Bacia Multiuso – 14 litros	3	27,99	83,97
Pote redondo – 500 ml	3	3,90	11,70
Máscara descartável com 100 Unidades	1	10,96	10,96
Óculos de segurança	6	6,25	37,50
Luvas Multiuso de Látex	6	2,00	12,00
Balança de cozinha analógica	1	24,00	24,00
Faca Aço Inoxidável	1	39,00	39,00
Bandeja grande plástico – Capacidade de 7 litros	1	24,99	24,99
Avental	3	14,39	43,17
Colher de Pau Madeira – 23 cm	3	2,86	8,58
Régua de metal – 30 cm	1	5,20	5,20

Fonte: Elaboração própria.

Foi estimado, para a Eco Chaperó, um custo total fixo de R$ 301,07. Nossa proposta é que sejam produzidos inicialmente 50 kg de sabão. Nesse cenário teríamos um custo unitário de produção para a Eco Chaperó de R$ 1,57 (200g).

Tabela 5
Custo inicial de produção

Custo Inicial de Produção para 50 kg	Custo Total (Reais)
Custos variáveis de produção	91,35
Equipamentos (custos fixos)	301,07
Material gráfico (etiqueta, *banner*, folhetos)	300,00
Total	**692,42**

Fonte: Elaboração própria.

A empresa contará com um custo inicial total no valor de R$ 692,42. Esse valor será captado por meio de doação total ou parcial pelos atores sociais.

9. Acompanhamento

O acompanhamento do projeto deve ser uma atividade regular e sistemática. Nessa etapa, devem-se coletar informações a respeito da sua execução de modo a identificar possíveis desvios das ações programadas, colaborar para o momento de avaliação e posterior tomada de decisões.

Para um bom desempenho da fase de acompanhamento do projeto, é necessário que se estabeleçam previamente os indicadores que serão monitorados. As pesquisas de campo são um ótimo instrumento de acompanhamento, permitindo avaliar a qualidade, preço e identificar outros usos para o produto, e até validar a possibilidade de sua expansão, seja na ampliação da linha de produção, seja na expansão do mercado.

Todas as informações do acompanhamento devem ser socializadas com o grupo. Reuniões presenciais são de suma importância. Isso favorece o consenso sobre o que deve ser feito, corrigindo eventuais falhas.

Para executar o acompanhamento, sugerimos uma simples tabela, que futuramente poderá ser aprimorada, tanto na segmentação das atividades como na ampliação de indicadores.

Tabela 6
Tabela de acompanhamento

Indicadores de Desempenho	**1º sem.**	**Ajustes**	**2º sem.**	**Ajustes**	**3º sem.**	**Ajustes**	**4º sem.**	**Ajustes**	**Responsável**
Reunião com os membros/pauta									
Avaliação das Instalações/qualidade/melhorias									
Controle de estoque de matéria-prima e embalagem/quantificar									
Controle da produção/quantificar									
Controle da produção embalada/quantificar									
Controle de estoque nos pontos de venda/ quantificar por ponto de venda									
Controle de amostra grátis/quantificar e discriminar beneficiários									
Avaliação dos treinamentos/instrutores									
Avaliar efetividade das parcerias (retorno)									
Avaliar despesas *versus* lucro									
Desenvolver pesquisa de qualidade com a comunidade									
Desenvolver pesquisa de qualidade nos pontos de venda									
Realizar avaliação das pesquisas									
Realizar avaliação de desempenho dos membros									
Realizar avaliação de logística do recolhimento de óleo									
Analisar expansão da produção e diversificação do produto									
Analisar expansão dos pontos de venda									
Analisar possibilidade de expansão da produção para além de Itaguaí									

Fonte: Elaboração própria.

Destacamos que, na economia solidária, todos os componentes do projeto são responsáveis pela sua condução e pelos seus resultados. Porém é essencial que sejam determinados responsáveis individuais para cada etapa do acompanhamento, desde que a referida escolha seja de forma consensual.

Sugerimos que o acompanhamento seja realizado semanalmente. O não acompanhamento sistemático do projeto causa desperdício de recursos e compromete o tempo da equipe com atividades que poderiam ser eliminadas, aumentando a ineficiência de cada entrega.

Como mensagem final, deixamos: tenha sempre os indicadores de sucesso e o resultado em mente. Olhe para onde você está e saiba aonde quer chegar, identificando melhores formas de encurtar o caminho do sucesso empreendedor. Quando você mantém o foco nos resultados que deve gerar para o cliente, fica muito mais fácil tomar decisões e seguir adiante sem se prender a erros passados. Encontre maneiras mais ágeis e efetivas de entregar aquilo que o cliente espera e precisa. Com tudo isso, aumenta-se o valor agregado do sabão Eco Chaperó. Boa Sorte!

Referências

ABIOVE. Associação Brasileira das Indústrias de Óleos Vegetais. Disponível em: <www.abipla.org.br/Novo/PrioridadesTrabalho#estimulo>. Acesso em: 10 nov. 2016.

ABIPLA. Associação Brasileira das Indústrias de Produtos de Limpeza e Afins. Disponível em: <www.abiove.org.br/site/index.php?page=estatistica&area=NC0yLTE=>. Acesso em: 8 nov. 2016.

ABRE. Associação Brasileira de Embalagens. Disponível em: <www.abre.org.br/noticias/setor-de-limpeza-da-banho-na-crise-e-cresce-17-em-cinco-anos/>. Acesso em: 27 out. 2018.

BRETTAS, M. R. *Gestão em projetos e economia solidária*: um estudo sobre a implementação dos 17 Centros Artesanato mineiro, 2007. Dissertação (mestrado de administração) — Faculdade Novos Horizontes, Belo Horizonte. Disponível em: <www.unihorizontes.br/novosite/banco_dissertacoes/170820091230371282.pdf>. Acesso em: 10 nov. 2016.

COMITÊ ORGANIZADOR DOS JOGOS OLÍMPICOS E PARALÍMPICOS RIO 2016. *Guia de gerenciamento de resíduos sólidos*. Rio de Janeiro, 2014.

Disponível em: <https://portaldesuprimentos.rio2016.com/wp-content/uploads/2014/05/Rio-2016-Guia-de-Sustentabilidade-para-Gerenciamento-de-Res%C3%ADduos-S%C3%B3lidos-2.pdf/>. Acesso em: 20 nov. 2016.

CONAMA. Conselho Nacional de Meio Ambiente. Disponível em: <www.mma.gov.br/port/conama/>. Acesso em: 5 nov. 2016.

COZINHA RECICLADO GERA EMPREGO E RENDA NO RN. *Fatos e dados*. Disponível em: <www.petrobras.com.br/fatos-e-dados/projeto-de-fabricacao-de-sabao-ecologico-com-oleo-de-cozinha-reciclado-gera-emprego-e-renda-no-rn.htm>. Acesso em: 10 nov. 2016.

ECÓLEO. Associação Brasileira para Sensibilização, Coleta e Reciclagem de Resíduos de Óleo Comestível. Disponível em: <http://ecoleo.org.br/>. Acesso em: 16 nov. 2016.

FÓRUM BRASILEIRO DE ECONOMIA SOLIDÁRIA. *O que é economia solidária*. Disponível em: <http://cirandas.net/fbes/o-que-e-economia-solidaria/>. Acesso em: 4 dez. 2016.

GOVERNO DO RIO DE JANEIRO. *Programa de Reaproveitamento de Óleos Vegetais do Estado do Rio de Janeiro (Prove)*. Disponível em: <www.rj.gov.br/web/informacaopublica/exibeconteudo?article-id=1041256>. Acesso em: 8 nov. 2016.

____. *Programa de reaproveitamento de óleos vegetais ganha mais um aliado*. Disponível em: <www.rj.gov.br/web/sea/exibeconteudo?article-id=494140>. Acesso em: 5 nov. 2016.

GRANDE RIO RECICLAGEM AMBIENTAL. Disponível em: <www.granderioambiental.com.br/>. Acesso em: 7 out. 2016.

INEA. Instituto Estadual do Ambiente. Disponível em: <www.inea.rj.gov.br/Portal/index.htm>. Acesso em: 17 out. 2016.

IBGE. Instituto Brasileiro de Geografia e Estatística. *Censo demográfico 2010*. Disponível em: <www.ibge.gov.br/home/estatistica/populacao/censo2010/default.shtm/>. Acesso em: 8 nov. 2016.

____. Disponível em: <www.ibge.gov.br/home//>. Acesso em: 8 nov. 2016.

JORNAL OFICIAL MUNICÍPIO DE ITAGUAÍ. *Itaguaí realiza Fórum de Desenvolvimento da Cadeia Produtiva*. Disponível em: <www.itaguai.rj.gov.br/jornaloficial/pdfjornal/edicao426.pdf/>. Acesso em: 4 nov. 2016.

KELLER, K. L.; KOTLER, P. *Administração de marketing*, 12. ed. São Paulo: Pearson Prentice Hall, 2006.

KOTLER, P.; ARMSTRONG, G. *Princípios de marketing*. 12. ed. São Paulo: Pearson Prentice Hall, 2012.

MALTA, C. H. M. *Coleta de óleo de fritura no estado do Rio de Janeiro*. Disponível em: <www.portalresiduossolidos.com/coleta-de-oleo-de-fritura-no-estado-do-rio-de-janeiro/>. Acesso em: 18 set. 2016.

MARKETING DE CONTEÚDO. *4 Ps do marketing: entenda o conceito do mix de marketing*. Disponível em: <http://marketingdeconteudo.com/4-ps-do-marketing//>. Acesso em: 4 dez. 2016.

MINISTÉRIO DO MEIO AMBIENTE. *Logística reversa*. Disponível em: <www.mma.gov.br/pol%C3%ADtica-de-res%C3%ADduos-s%C3%B3lidos/>. Acesso em: 8 nov. 2016.

____. *Política Nacional de Resíduos Sólidos*. Disponível em: <www.mma.gov.br/pol%C3%ADtica-de-res%C3%ADduos-s%C3%B3lidos/>. Acesso em: 8 nov. 2016.

SEBRAE MERCADOS. *O mercado brasileiro de produtos de limpeza*. Disponível em: <www.sebraemercados.com.br/o-mercado-brasileiro-de-produtos-de-limpeza//>. Acesso em: 15 nov. 2016.

SILVA, M. do V. C. V. da. 2013. Plano de marketing para a revitalização do Sabão Offenbach da Saboaria do Bolhão. Dissertação (mestrado) — Instituto Superior de Economia e Gestão, Universidade de Lisboa, Lisboa, 2013. Disponível em: <www.repository.utl.pt/handle/10400.5/6287//>. Acesso em: 8 nov. 2016.

TENÓRIO, F. G. *Cidadania e desenvolvimento local*: critérios de análise. Rio de Janeiro: FGV Editora, 2012. v. 1.

____. *Cidadania, território e atores sociais*. Rio de Janeiro: FGV Editora, 2016. v. 4.

____. *Gestão comunitária*: uma abordagem prática. 11. ed. Rio de Janeiro: FGV Editora, 2008.

____. *Gestão de ONGs*: principais funções gerenciais. Rio de Janeiro: FGV Editora, 2009.

USINA DE CATADORES DE MATERIAIS REUTILIZÁVEIS E RECICLÁVEIS. *Empresa*. Disponível em: <www.empresasrj.com/s/empresa/usina-de--catadores-de-mat-reutilizaveis-e-reciclaveis/14912955000120>. Acesso em: 19 set. 2016.

ZUCATTO, L. C.; WELLE, Y.; DA SILVA, T. N. Cadeia reversa do óleo de cozinha: Coordenação, estrutura e aspectos relacionais. *Revista de Administração de Empresas*, São Paulo, v. 53, n. 5, p. 442-453, set./out. 2013.

Apêndice 1 | Projetos

Ficha Técnica

1. **Nome do Projeto:** Problema de lixo acumulado em vias públicas (2014)
   Local: Rio de Janeiro / Bairro Oswaldo Cruz
   Tema: poluição
   Problema: acúmulo de lixo nos espaços públicos e falta de consciência ambiental pela comunidade
   Objetivo: implementar campanhas para conscientização dos moradores, organizar mutirões de limpeza urbana e ações de reciclagem
   Orçamento: R$ 6.000,00

2. **Nome do Projeto:** Remodelação do depósito de recicláveis da Paróquia Sagrada Família (2014)
   Local: Rio de Janeiro / Bairro da Taquara — Jacarepaguá
   Tema: reciclagem
   Problema: destinação inadequada dos resíduos dispostos no espaço da Paróquia Sagrada Família localizada no bairro Taquara/Jacarepaguá
   Objetivo: implantar um programa de separação de resíduos sólidos (jornais, vidros, garrafas PET e latinhas) no depósito de recicláveis da Paróquia Sagrada Família
   Orçamento: R$ 5.427,00

3. **Nome do Projeto:** Retirada de lixo das margens do rio Faria-Timbó (2014)
Local: Rio de Janeiro / Bairro Engenho da Rainha
Tema: poluição
Problema: descarte indevido de lixo nas margens do rio Faria-Timbó
Objetivo: promover campanha de sensibilização dos moradores e realização de coletas seletivas para o lixo doméstico
Orçamento: R$ 81.334,00

4. **Nome do Projeto:** Sabão Ecológico (2013)
Local: Rio de Janeiro / Itaguaí
Tema: reciclagem
Problema: descarte inadequado de óleo de cozinha
Objetivo: reaproveitamento de óleo de cozinha por meio da confecção de sabão lava-louças
Orçamento: R$ 5.750,00
Este projeto[9] serviu de base para o trabalho "Sabão ecológico artesanal Eco Chaperó", elaborado por Lucia Helena Rodrigues de Carvalho e Patrícia Silva de Souza, que o apresentaram, em 2016, como requisito para aprovação na disciplina Projetos Sociais, do Mestrado Profissional em Bens Culturais e Projetos Sociais, da Fundação Getulio Vargas/Centro de Pesquisa e Documentação de História Contemporânea do Brasil (FGV/CPDOC).

5. **Nome do Projeto:** Melhoria da rua Quintino Joaquim da Silva / Tribobó (2013)
Local: Rio de Janeiro / São Gonçalo
Tema: meio ambiente
Problema: alagamentos motivados pelas chuvas

[9] Paulo Ferreira Trota, Sueli Cabral e Helio Rodrigues, alunos do curso de Gestão Comunitária com Ênfase em Sustentabilidade Ambiental (2014), são os autores do projeto "Sabão ecológico".

Objetivo: promover campanha de conscientização dos moradores com relação ao adequado descarte do lixo na rede de esgoto e sensibilização dos órgãos públicos quanto à manutenção da rede
Orçamento: R$ 6.222,42

6. **Nome do Projeto:** Horta comunitária (2013)
Local: Rio de Janeiro / Bairro da Taquara — Jacarepaguá
Tema: segurança alimentar
Problema: hábitos alimentares inadequados ao desenvolvimento nutricional das crianças, jovens e idosas na Instituição Sodalício da Sacra Família
Objetivo: contribuir para a transformação dos hábitos alimentares das internas do Instituto Sodalício da Sacra Família por meio da construção de uma horta orgânica comunitária
Orçamento: R$ 38.010,10

7. **Nome:** Manejo de podas de árvores e rejeitos orgânicos (2013)
Local: Baixada Fluminense / Rio de Janeiro
Tema: compostagem
Problema: descarte indevido de podas de árvore e outros rejeitos nos municípios que integram o Consórcio da Baixada Fluminense
Objetivo: produzir húmus a partir de podas de árvores e rejeitos orgânicos, utilizando o processo de compostagem
Orçamento: R$ 719.982,43

8. **Nome:** Óleo de cozinha × degradação ambiental no Bairro Rocha (2013)
Local: São Gonçalo / Rio de Janeiro
Tema: poluição
Problema: descarte indevido de óleo de cozinha
Objetivo: implantar a coleta de óleo de cozinha no bairro
Orçamento: R$ 3.000,00

Apêndice 2 | Marco legal e referências

Principais marcos do setor de resíduos sólidos no Brasil

2002

Criação da *Resolução Conama nº 313*, que dispõe sobre o *Inventário Nacional de Resíduos Sólidos Industriais.*

2007

Em 5 de janeiro, é aprovada a *Lei Federal de Saneamento Básico — Lei nº 11.445*, que dispõe sobre as Diretrizes Nacionais para o Saneamento Básico, considerando o abastecimento de água potável, serviços de esgotamento sanitário, limpeza urbana e manejo de resíduos sólidos e drenagem e manejo de águas pluviais urbanas.

2010

Após 20 anos tramitando no Congresso, o presidente Luiz Inácio Lula da Silva, em 2 de agosto, sanciona a lei que cria a *Política Nacional de Resíduos Sólidos — Lei nº 12.305*;

Em dezembro, são publicados o *Decreto nº 7.404*, que regulamenta a Lei nº 12.305, cria o Comitê Interministerial da Política Nacional de Resíduos Sólidos e o Comitê Orientador para a Implantação dos Sistemas de Logística Reversa, e dá outras providências; e o *Decreto nº 7.405*, que institui o Programa Pró-Catador.

2014
Término do prazo estabelecido pela Política Nacional de Resíduos Sólidos para encerramento dos lixões e substituição por aterros sanitários. Entretanto, estimativas do Ministério do Meio Ambiente indicam que 59%[10] dos munícipios do país não cumpriram o prazo.

Alguns sites interessantes sobre resíduos sólidos

Abipet & Levpet	Associação Brasileira da Indústria do PET & Sistema de busca (base GoogleMaps) para destinação adequada do PET	www.abipet.org.br/
Abirp	Associação Brasileira das Indústrias Recicladoras de Papel	www.abirp.org.br
Abong	Associação Brasileira das ONGs	www.abong.org.br
Abralatas	Associação Brasileira dos Fabricantes de Latas de Alta Reciclabilidade	www.abralatas.org.br/
Abrelpe	Associação Brasileira de Empresas de Limpeza Pública e Resíduos Especiais	www.abrelpe.org.br
Cempre	Compromisso Empresarial para Reciclagem	www.cempre.org.br/
Lei nº 12.305/2010	Lei que institui a Política Nacional de Resíduos Sólidos	www.mma.gov.br/port/conama/legiabre.cfm?codlegi=636
MMA	Ministério do Meio Ambiente	www.mma.gov.br/
MNCR	Movimento Nacional dos Catadores de Materiais Recicláveis	www.mncr.org.br/

[10] *Revista Radis*, n. 149, fev. 2015. Disponível em: <www6.ensp.fiocruz.br/radis/revista-radis/149/reportagens/lixoes-tempo-esgotado>.

Observatório da PNRS	Site dedicado ao monitoramento da implementação da Política Nacional de Resíduos Sólidos	http://observatoriopnrs.org/
PNSB	Pesquisa Nacional de Saneamento Básico	www.ibge.gov.br
Recicloteca	Centro de Informações sobre Reciclagem e Meio Ambiente	www.recicloteca.org.br/
Sinir	Sistema Nacional de Informações sobre a Gestão de Resíduos Sólidos	http://sinir.gov.br/
SNIS	Sistema Nacional de Informações sobre Saneamento	www.snis.gov.br/
Web-resol	Web-Resol é uma organização não governamental, sem fins lucrativos, dedicada à divulgação de informações sobre o meio ambiente e saneamento básico, com foco na gestão dos resíduos sólidos	www.resol.com.br

Principais marcos do setor de desperdício alimentar no Brasil

1998

Projeto de Lei nº 4.747/1998: o "Bom Samaritano"

Dispõe que a pessoa natural ou jurídica que doar alimentos, industrializados ou não, preparados ou não, a pessoas carentes, diretamente, ou por intermédio de entidades, associações ou fundações, sem fins lucrativos, é isenta de responsabilidade civil ou penal, resultante de dano ou morte ocasionados ao beneficiário, pelo consumo do bem doado, desde que não se caracterize dolo ou negligência. Projeto chamado de "Bom Samaritano". Até agora essa lei não foi aprovada.

Disponível em: <http://bancodealimentos.org.br/wp-content/uploads/2014/08/ESTATUTO-DO-BOM-SAMARITANO-na-%C3%ADntegra.pdf>.

2004

Resolução RDC nº 216, de 15 de setembro de 2004 (Anvisa)

Dispõe sobre Regulamento Técnico de Boas Práticas para Serviços de Alimentação. A agência Nacional de Vigilância Sanitária (Anvisa), pela

RDC nº 216/2004, estabelece uma série de regras para que estabelecimentos comerciais doem suas sobras. Trata-se de algo muito rigoroso para os empresários. A data de validade dos produtos, por exemplo, tem uma margem de segurança muito pequena.
Disponível em: <http://portal.anvisa.gov.br/wps/wcm/connect/4a3b680040bf8cdd8e5dbf1b0133649b/RESOLU%C3%87%C3%83O-RDC+N+216+DE+15+DE+SETEMBRO+DE+2004.pdf?MOD=AJPERES>.

2015
Projeto de Lei nº 681/2015 — Rio de Janeiro (Alerj)
Enquanto o Brasil ainda não dispõe de legislação que iniba o desperdício de alimentos, o estado do Rio de Janeiro promete sair na frente do restante do país e editar uma lei sobre a matéria, que abrangerá normas para o campo e setores de abastecimento, como supermercados, feiras livres e centrais de distribuição. Esse projeto modifica o artigo 1º, da Lei nº 6.498, de 18 de julho de 2013.
Disponível em: <http://alerjln1.alerj.rj.gov.br/scpro1519.nsf/18c1dd68f96be3e7832566ec0018d833/ce29ac21afeeaf2c83257e990053c879?OpenDocument>.

Projeto de Lei do Senado nº 675, de 2015
Estabelece a Política Nacional de Combate ao Desperdício de Alimentos com o objetivo de aumentar o aproveitamento dos gêneros alimentícios disponíveis para consumo humano em território nacional, mitigar o desperdício alimentar e ampliar o uso dos alimentos impróprios para o consumo humano em atividades de reciclagem e de alimentação de animais.
Último estado: Comissão de Agricultura e Reforma Agrária (Secretaria de Apoio à Comissão de Agricultura e Reforma Agrária) 17/12/2015 — Em exame técnico preliminar.
Disponível em: <www25.senado.leg.br/web/atividade/materias/-/materia/123547>.

Projeto de Lei do Senado nº 738/2015
Dispõe sobre o combate ao desperdício de alimentos e altera o Decreto-Lei nº 986/1969, a Lei nº 9.605/1998 e a Lei nº 12.305/2010 para inibir

o descarte voluntário de alimentos industrializados e *in natura* em condições de consumo; obriga a informação, no rótulo, da validade para a venda e da validade de consumo seguro; excepciona do regime da responsabilidade civil objetiva a doação de alimentos que ainda estejam em condições e no prazo de consumo seguro; e estabelece que o poder público e os estabelecimentos varejistas farão campanhas educativas pela aquisição de produtos *in natura* que não tenham a melhor aparência, mas que mantenham suas propriedades nutricionais e ainda são seguros para consumo.
Último estado: Comissão de Agricultura e Reforma Agrária (Secretaria de Apoio à Comissão de Agricultura e Reforma Agrária) 17/12/2015 — Em exame técnico preliminar.
Disponível em: <www25.senado.leg.br/web/atividade/materias/-/materia/124012>.

Projeto de Lei do Senado nº 3.070/2015
Essa proposta, do deputado Givaldo Vieira (PT-ES), alteraria a Política Nacional de Resíduos Sólidos (Lei nº 12.305/2010) para garantir tratamento diferenciado aos restos alimentares. De acordo com o texto, o poder público e os diversos envolvidos na produção e no uso de alimentos terão responsabilidade compartilhada no manejo dos excedentes e dos resíduos alimentares. Para evitar desperdício, esses excedentes e resíduos deverão ser destinados, prioritariamente, para alimentação humana, alimentação animal, compostagem e produção de energia. Serão criados bancos de alimentos e o Sistema Nacional de Oferta de Alimentos para intermediar a distribuição. A proposta também altera a Lei de Crimes Ambientais (Lei nº 9.605/1998) para prever pena de um a seis meses de detenção, além de multa, para quem destruir ou descartar alimentos aptos ao consumo humano.
Disponível em: <www2.camara.leg.br/camaranoticias/radio/materias/RADIOAGENCIA/502949-PROPOSTAS-EM-ANALISE-NA-CAMARA-TENTAM-REDUZIR-DESPERDICIO-DE-ALIMENTOS-NO-PAIS.html>.

Iniciativas de combate ao desperdício no Brasil

Banco de Alimentos do Ceasa	Existe nas cinco unidades da Ceasa no estado do Rio de Janeiro. Atualmente, mais de 120 instituições são cadastradas, além de nove comunidades pacificadas no Rio de Janeiro. Ao todo, mais de 20 mil pessoas são beneficiadas pelo programa.	www.ceasa.rj.gov.br/ceasa_portal/view/banco_ceasa.asp
Mesa Brasil (Sesc)	Rede nacional de bancos de alimentos contra a fome e o desperdício. Seu objetivo é contribuir para a promoção da cidadania e a melhoria da qualidade de vida de pessoas em situação de pobreza, em uma perspectiva de inclusão social. Trata-se essencialmente de um Programa de Segurança Alimentar e Nutricional, baseado em ações educativas e de distribuição de alimentos excedentes ou fora dos padrões de comercialização, mas que ainda podem ser consumidos. Existe um Banco de Alimentos no Sesc Rio.	www.sesc.com.br/mesabrasil/omesabrasil.html
Projeto Satisfeito	É um movimento de combate à fome de crianças e ao desperdício de alimentos por meio de uma ação conjunta entre voluntários, restaurantes e organizações que trabalham pela segurança alimentar de crianças em todo o mundo.	www.satisfeito.com
Favela Orgânica	Este projeto nasceu em 2011 nas comunidades da Babilônia e Chapéu Mangueira, na Zona Sul do Rio de Janeiro. Surgiu com o objetivo de ensinar moradores da região a aproveitarem os alimentos em sua totalidade e já levou suas oficinas para outros estados do Brasil (Pernambuco, Paraíba, Ceará, Minas Gerais e São Paulo). Seu objetivo é conscientizar sobre cada etapa do ciclo da alimentação: o planejamento das compras, o consumo, o preparo e o descarte do alimento. É esperado então criar hábitos e práticas alimentares responsáveis com o meio ambiente e saudáveis para a comunidade. Os participantes aprendem a valorizar cascas, talos e sementes, que são geralmente descartados, como ingredientes e fontes de nutrientes.	http://favelaorganica.com

Gastronomia responsável	Idealizado pela Fundação Grupo Boticário de Proteção à Natureza, conta com a curadoria do *chef* Celso Freire e tem como embaixadora a *chef* Gabriela Carvalho. O movimento Gastronomia Responsável convida *chefs* de cozinha a criarem pratos com princípios que unem alta gastronomia e conservação da natureza. O movimento começou em Curitiba e agora está se expandindo no resto do país.	www.gastronomiaresponsavel.com.br/
ONG Banco de Alimentos	Fundado em 1998 a partir da iniciativa civil e pioneira da economista Luciana C. Quintão, o Banco de Alimentos é uma associação civil que atua com o objetivo de minimizar os efeitos da fome e combater o desperdício de alimentos, permitindo que um maior número de pessoas tenha acesso a alimentos básicos e de qualidade — e em quantidade suficiente — para uma alimentação saudável e equilibrada. Os alimentos distribuídos são excedentes de comercializações, perfeitos para o consumo. A distribuição possibilita a complementação alimentar a todas as pessoas assistidas pelas 42 instituições cadastradas no projeto, ou seja, mais de 21 mil pessoas.	www.bancodealimentos.org.br/
Curso Senac	Curso de Aproveitamento Integral de Alimentos	www.rj.senac.br/cursos/gastronomia/aproveitamento-integral-de-alimentos
Programa Sesi Cozinha Brasil	Uma alimentação saudável, com receitas fáceis, nutritivas e de baixo custo. É isso o que o Programa Sesi Cozinha Brasil oferece à população mato-grossense, por meio de cursos de educação alimentar que ensinam o preparo dos alimentos de forma inteligente e sem desperdício. Aproveitando todas as partes dos alimentos, inclusive o que normalmente é descartado como caule, talos, cascas, folhas e sementes, os profissionais do Sesi ensinam receitas saborosas, respeitando as diversidades de cada local. Além disso, o curso oferece ainda noções de higiene alimentar, economia doméstica, elaboração de cardápios equilibrados, entre outros temas.	www.sesimt.com.br/cozinha_brasil.php
Receitas	Aproveitamento integral dos alimentos (Curso Mesa Brasil — Sesc)	http://mesabrasil.sescsp.org.br/media/1016/receitas_n2.pdf

Este livro foi impresso nas oficinas gráficas da Editora Vozes Ltda.,
Rua Frei Luís, 100 – Petrópolis, RJ.